KB267617

일상생활의 지침서

청학동 채근담

김승호 편저

돌산 선영사

머리말

채근담은 지금부터 3백 수십 년 전, 중국 명대(明代)의 홍자성 (洪自誠)이 사람은 어떻게 살아가야 옳은가를 여러 각도에서 논한 인생 지침서이다.

이 책은 유(儒)·불(佛)·도(道)의 삼교를 근간으로 한 채근담의 진수를 체득해서 일상생활의 지침으로 하기 위해 연구한 책이다. 책 이름에서 풍기듯 '나물 뿌리 이야기'가 되지만, 그 참뜻은 '나물 뿌리의 맛'이라는 뜻이다. 즉, 나물 뿌리를 씹은 사람이라야 같이 인생을 논할 수 있다는 것이다.

홍자성의 저서는 그 내용이 전후집(前後集)으로 나뉘어 도합 359장으로 되어 있다. 그러나 이것은 너무나 양이 많고 또 그 뜻이 비슷한 것도 있어 이 책에는 진수만 선정해서 수록했으니 이것만 숙독하고 이해한다면 최후의 열매를 얻을 수 있을 것이다.

졸렬한 번역을 부끄럽게 생각하며 독자 여러분의 아낌없는 퇴고(推敲)를 기대한다. 끝으로 이 책을 출판하는 데 많은 힘을 주신 선영사 김영길 사장님과 임직원 여러분에게 깊은 감사의 뜻을 전한다.

1997년

편저자

1

> 군자지심사 천청일백
> 君子之心事는 天青日白하여
>
> 불가사인부지 군자지재화
> 不可使人不知요, 君子之才華는
>
> 옥온주장 불가사인이지
> 玉韞珠藏하여 不可使人易知라.

【註釋】

靑 푸를　　　청

使 하여금　　사

易 쉬울　　　이

- 才華(재화) : 밖으로 드러난 훌륭한 재주, 재능.
- 玉韞(옥온) : 구슬이 바위 속에 감추어져 있음.
- 珠藏(주장) : 진주가 바닷속에 숨어 있음.

【對譯】

　군자의 마음은 푸른 하늘의 태양처럼 밝아서 사람들로 하여금 모르게 해서는 안 되고, 군자의 재주는 주옥이 감추어져 있듯 하여 사람들로 하여금 쉽게 알게 해서는 안 된다.

2

서 수 도 덕 자　　　적 막 일 시　　　의 아 권 세 자
棲守道德者는 寂寞一時나 依阿權勢者는

처 량 만 고　　　달 인　　관 물 외 지 물
凄涼萬古라. 達人은 觀物外之物하고

사 신 후 지 신　　　　영 수 일 시 지 적 막
思身後之身하니 寧受一時之寂寞이언정

무 취 만 고 지 처 량
毋取萬古之凄涼하라.

【註釋】

寂 고요할　　　　적

寞 쓸쓸할　　　　막

涼 슬퍼할　　　　량

・**棲守**(서수) : 간직하여 지키다.

・**依阿**(의아) : 아부하여 의지함.

・**物外之物**(물외지물) : 사물 밖의 사물이란 뜻으로 세속의 직위
　　나 재산이 아닌 진리를 말함.

・**身後之身**(신후지신) : 현재의 자신이 아닌 죽은 후의 자신으로
　　명예, 평판 등을 말한다.

・**寧**(녕) : 차라리.

• 毋(무) : 하지 말라.

【對譯】

　도덕을 소중히 간직하여 지키는 자는 그 적막함이 한때에 불과하지만, 권세에 아부하는 자는 만고에 처량하다. 널리 사물의 도리에 통달한 자는 물(物) 밖의 물을 보고, 몸 뒤의 몸을 생각하나니 차라리 일시적인 적막을 받을지언정 만고의 처량함을 취하지 말라.

3

耳中^{이중}에 常聞逆耳之言^{상문역이지언}하고 心中^{심중}에

常有拂心之事^{상유불심지사}하면 纔是進德修行的砥石^{재시진덕수행적지석}이라

若言言悦耳^{약언언열이}하고 事事快心^{사사쾌심}이면 便把此生^{변파차생}을

埋在鴆毒中矣^{매재짐독중의}라.

【註釋】

• **拂心之事**(불심지사) : 마음에 거슬리는 일.

• **砥石**(지석) : 칼을 가는 숫돌.

• **鴆**(짐) : 짐새.

• **鴆毒**(짐독) : 짐새의 털을 술에 담가 만든 독. 옛날에는 이 독
　　　으로 사람을 죽였음.

【對譯】

　귀에 항상 거슬리는 말을 듣고, 마음에 항상 꺼리는 일이 있
으면, 이는 곧 덕행을 닦아 빛내는 숫돌이 될 것이다. 이와는
반대로 들리는 말마다 귀에 즐겁고 일마다 마음에 흡족하면,
이는 곧 평생을 짐독 속에 묻어 버리는 것과 같다.

4

질풍노우 금조척척 제일광풍
疾風怒雨엔 禽鳥戚戚하고 霽日光風엔

초목혼혼 가견천지
草木欣欣하니 可見天地에

불가일일무화기 인심
不可一日無和氣요 人心에

불가일일무희신
不可一日無喜神이라.

【註釋】

- 戚戚(척척) : 근심하고 슬퍼하는 모습.
- 霽日(제일) : 갠 날씨.
- 光風(광풍) : 화창한 날 부는 바람.
- 喜神(희신) : 기뻐하는 마음.

【對譯】

사나운 비바람에는 새들도 근심하고 맑게 갠 날 다사로운 바람에는 초목도 기뻐한다. 보라, 이 천지에는 하루도 화한 기운이 없어선 안 되고, 사람의 마음속엔 하루도 기쁨이 없어선 안 되는 것이다.

5

농비신감　　비진미　진미　지시담
醴肥辛甘이 **非眞味**요 **眞味**는 **只是淡**하며,

신기탁이　　비지인　지인　지시상
神奇卓異가 **非至人**이요 **至人**은 **只是常**이라.

【註釋】

· **醴肥辛甘**(농비신감) : 농은 진한 술, 비는 기름진 고기, 신과
　감은 오미(五味)로서 시고 쓰고 맵고 달고 짠맛.
· **神奇卓異**(신기탁이) : 신기한 재주와 남달리 뛰어난 행실.
· **至人**(지인) : 덕이 높은 성인(聖人).

【對譯】

　진한 술, 기름진 고기와 맵고 달콤한 음식이 결코 진미가 아
니요, 진미는 담백한 것이며, 신기하고 뛰어난 재주가 있는 것
이 지인이 아니요, 지인이란 그저 평범하다.

　즉, 그저 순수한 것이 훌륭한 사람이라는 것이다.

6

야심인정　　독좌관심
夜深人靜에 獨坐觀心하면

시각망궁이진독로　　매어차중
始覺妄窮而眞獨露하니 每於此中에

득대기취　　기각진현이망난도
得大機趣라. 旣覺眞現而妄難逃하면

우어차중　　득대참뉵
又於此中에 得大慚忸이라.

【註釋】

• 妄窮(망궁) : 망령된 생각이 다 없어짐.
• 慚忸(참뉵) : 부끄러움.

【對譯】

　밤이 깊어 사람들이 다 잠들어서 고요한 때에 홀로 일어나 앉아 내 마음을 관찰하면, 비로소 온갖 망령된 잡념들이 사라지고 진실됨이 솟아남을 깨닫게 된다. 이러한 가운데 즐거움을 얻는 것이다. 이미 진실됨이 나타나고도 망령된 잡념에서 벗어나기 어려움을 깨닫게 된다면 또한 이 가운데서 크게 부끄러움을 얻게 될 것이다.

7

藜口莧腸者는 多冰淸玉潔하고
여구현장자　　다빙청옥결

袞衣玉食者는 甘婢膝奴顔이라
곤의옥식자　　감비슬노안

蓋志以澹泊明하고 而節從肥甘喪也라.
개지이담박명　　이절종비감상야

【註釋】

蓋 대개 　　개
澹 담박할 　　담
泊 조용할 　　박
喪 죽을 　　상

- 藜口莧腸(여구현장) : 명아줏국을 먹고 비름나물을 먹다. 즉, 거친 음식.
- 氷淸玉潔(빙청옥결) : 얼음처럼 맑고 옥처럼 깨끗함. 지조가 고결함.
- 袞衣(곤의) : 화려한 옷.
- 婢膝奴顔(비슬노안) : 여종이 무릎으로 기고, 사내종이 굽실거리는 것.
- 肥甘(비감) : 기름지고 맛있는 음식.

【對譯】

　명아주 먹는 입과 비름 먹는 창자에는 얼음처럼 맑고 구슬같이 조촐한 사람이 많고, 비단옷에 좋은 음식을 먹는 사람은 계집종의 무릎과 종놈들의 굽신거림에 만족한다. 대체적으로 사람들의 뜻이란 담박한 데서 밝아지고, 절조란 기름지고 달콤한 맛 때문에 상실되기 때문이다.

8

경 로 착 처　유 일 보　　여 인 행
徑路窄處엔 留一步하여 與人行하고,

자 미 농 적　감 삼 분　　양 인 기
滋味濃的은 減三分하여 讓人嗜하라

차 시 섭 세　일 극 안 락 법
此是涉世의 一極安樂法이니라.

【註釋】

窄 좁을　　　　착

滋 맛있을　　　자

濃 짙을　　　　농

【對譯】

　좁은 길을 만나거든 한 걸음 멈추어 다른 사람이 먼저 가도록 양보하고, 맛이 좋은 음식은 한 부분을 덜어 다른 사람에게 양보하라. 이러한 것이 곧 세상을 살아가는 가장 편안한 방법 중 하나이다.

　즉, 역지사지(易地思之)의 미덕이야말로 이 세상을 살아가는 편안한 방법일 것이다.

9

作人에 無甚高遠事業이나 擺脫得俗情이면

便入名流하고, 爲學에 無甚增益工夫나

減除得物累면 便超聖境이라.

【註釋】

- 擺(파) : 열다.
- 擺脫(파탈) : 벗어나다.
- 名流(명류) : 명사(名士), 이름 있는 사람.
- 物累(물루) : 물욕.

【對譯】

　사람이 되어 아주 고원한 사업은 못할지라도 세속의 욕망에서 벗어날 수 있으면 곧 명류(名流)에 들 것이요, 학문을 닦아 위대한 실적은 없더라도 물욕의 유혹에서 벗어날 수 있으면 성인의 경지를 넘을 것이다.

10

총리 무거인전 덕업 무락인후
寵利엔 毋居人前하고 德業엔 毋落人後하라

수 향 무유분외 수 위 무감분중
受享엔 毋踰分外하고 修爲엔 毋減分中하라.

【註釋】

- **寵利**(총리) : 총애와 이익.
- **受享**(수향) : 받아서 누림.
- **修爲**(수위) : 수양.

【對譯】

　은총과 이익되는 일에는 남의 앞에 서지 말 것이며, 덕업을 쌓는 일에는 남보다 뒤지지 말라. 남으로부터 받는 일에는 분수를 넘어선 안 되고, 남을 위해 닦고 행하는 일에는 분수를 줄여서는 안 된다.

11

> ^{처 세} ^{양 일 보 위 고} ^{퇴 보}
> 處世엔 讓一步爲高이니 退步는
>
> ^{즉 진 보 적 장 본} ^{대 인} ^{관 일 분 시 복}
> 卽進步的張本이요, 待人엔 寬一分是福이니
>
> ^{이 인} ^{실 리 기 적 근 기}
> 利人은 實利己的根基니라.

【註釋】

• 張本(장본) : 토대. 근본.
• 待人(대인) : 남을 대접함.
• 根基(근기) : 근본, 바탕.

【對譯】

　세상을 살아가는 데는 한 걸음 양보하는 것이 높은 것이니 물러선다는 것은 곧 나아가는 바탕이 되기 때문이다. 사람을 대접할 때는 일분(一分)의 너그러움이 복이 되나니 남을 이롭게 함은 실로 자신을 이롭게 하는 바탕이 되기 때문이다.

12

事事留個有餘하여 不盡的意思면 便造物이
不能忌我하고 鬼神도 不能損我하나
若業必求滿하며 功必求盈者는
不生內變하면 必召外憂니라.

【註釋】

- 造物(조물) : 조물주.
- 求滿(구만) : 만족하기를 구함.
- 外憂(외우) : 밖으로부터 온 근심스러운 일.

【對譯】

일마다 여력이 있어 다하지 않은 뜻을 남기면 조물주도 나를 미워하지 못할 것이요, 귀신도 나를 해치지 못할 것이다. 만약 일마다 반드시 만족함을 구하고, 공이 반드시 가득하기를 구한다면 안으로부터 변란이 일지 않으면 바깥으로부터 근심을 부르게 될 것이다.

13

분충지예 변위선이음로어추풍
糞蟲至穢나 變爲蟬而飲露於秋風하고,

부초무광 화위형이요채어하월
腐草無光이나 化爲螢而耀采於夏月하니,

고지결상자오출 명매종회생야
固知潔常自汚出하며 **明每從晦生也**니라.

【註釋】

- **糞蟲**(분충) : 굼벵이.
- **耀采**(요채) : 광채를 냄.
- **晦**(회) : 어두움.

【對譯】

굼벵이는 몹시 더럽지만 매미가 되어 가을 바람에 이슬을 마신다. 썩은 풀은 빛이 없지만 개똥벌레가 되어 여름밤에 빛을 낸다. 이렇게 볼 때 깨끗함은 항상 더러움에서 나오고 밝음은 매양 어둠에서 생겨나는 것임을 알 수 있다.

즉, 이 세상 모든 것은 모두 인과관계를 가지고 있다는 사실을 강조한 글이다.

14

好動者는 雲電風燈이요 嗜寂者는
死灰槁木이라. 須定雲止水中에
有鳶飛魚躍氣象하니 纔是有道的心體라.

【註釋】

燈 등불　　등

灰 재　　　회

須 모름지기　수

- **雲電**(운전) : 구름 사이에 생기는 번개.
- **嗜寂**(기적) : 고요함을 즐김.
- **槁木**(고목) : 시든 나무.
- **鳶飛魚躍**(연비어약) : 솔개가 날고 물고기가 뛴다는 뜻으로,
  자연스러운 도를 뜻한다.
- **心體**(심체) : 마음의 실체.

【對譯】

움직임을 좋아하는 사람은 구름 속의 번개 같고 바람 앞의

등불 같다. 고요함을 즐기는 사람은 식은 재 같고 마른나무와 같다. 모름지기 멈춘 구름과 잔잔한 물 위에 솔개 날고 고기 뛰는 기상이 있어야만 가히 도를 깨닫는 마음을 지녔다 할 것이다.

15

飽^포後에 思^사味^미면 則^즉濃^농淡^담之^지境^경이 都^도消^소하며,

色^색後^후思^사婬^음하면 則^즉男^남女^녀之^지見^견이 盡^진絶^절이라.

故^고로 人^인常^상以^이事^사後^후之^지悔^회悟^오로

破^파臨^림事^사之^지癡^치迷^미면 則^즉性^성定^정而^이動^동無^무不^부正^정이라.

【註釋】

飽 배부를　　　포

婬 음탕할　　　음

臨 임할　　　림

- 濃淡之境(농담지경) : 음식의 맛있고 없음에 대한 구별.
- 男女之見(남녀지견) : 남과 여에 대한 의식. 성욕.
- 悔悟(회오) : 후회.
- 癡迷(치미) : 어리석음과 미혹(迷惑)됨.

【對譯】

　배가 부른 뒤에 맛을 생각하면 맛이 있었는지 없었는지의 구

별이 사라지고, 색을 쓴 다음에 정사를 생각하면 남녀에 대한 생각이 다 끊어진다. 그러므로 사람이 항상 일 뒤에 뉘우침으로써 일 앞의 어리석음을 깨뜨린다면 그 본성이 안정되고 행동함이 바르지 않음이 없을 것이다.

16

> 처세 불필요공 무과 변시공
> 處世에 不必邀功하라 無過면 便是功이라.
>
> 여인 불구감덕 무원 변시덕
> 與人에 不求感德하라 無怨이면 便是德이라.

【註釋】

- **邀功**(요공) : 공으로 맞이하는 것.
- **無過**(무과) : 허물이 없는 것.
- **與人**(여인) : 남에게 베푸는 것.
- **感德**(감덕) : 은덕에 감격함.

【對譯】

세상을 살아가는데 구태여 공만을 찾을 것이 아니다. 허물 없음이 곧 공이 아니겠는가. 남에게 덕을 베풀 때는 그 덕에 감사하기를 바라지 말라. 원망 없음이 곧 덕이 아니겠는가.

17

事窮勢蹙之人은 當原其初心하고,

功成行滿之士는 要觀其末路니라.

【註釋】

- 事窮勢蹙(사궁세축) : 사세가 불리함.
- 蹙(축) : 쭈그리다.
- 功成行滿(공성행만) : 크게 성공함.

【對譯】

　일이 꽉 막혀 답답한 사람은 마땅히 그 일을 시작할 때의 마음을 돌이켜보고, 공을 이루어 만족한 사람은 앞으로 다가올 마지막 길을 미리 보도록 하라.

　즉, 전성시대에 쇠퇴할 것을 미리 생각하여 후회함이 없는 대비책을 강구해 두는 것도 자신을 보존하는 한 가지 방법일 수도 있다는 것이다.

18

> 放得功名富貴之心下라야 便可脫凡하고,
>
> 放得道德仁義之心下라야 纔可入聖이니라.

【註釋】

- 脫凡(탈범) : 범속함에서 벗어남.
- 入聖(입성) : 성인의 경지에 들어감.

【對譯】

　부귀공명에 대한 집착을 버린 뒤에야 범속을 벗어나게 되고, 도덕군자와 인의로운 사람이 되겠다는 마음을 버린 후에야 겨우 성인의 경지에 들어갈 수 있다.

19

人情은 反復하며 世路는 崎嶇라.

行不去處엔 須知退一步之法하고,

行得去處엔 務加讓三分之功하라.

【註釋】

- **世路**(세로) : 세상 살아가는 길.
- **崎嶇**(기구) : 험한 산길.
- **行不去處**(행불거처) : 가려 해도 갈 수 없는 곳.
- **行得去處**(행득거처) : 가려면 갈 수 있는 곳.

【對譯】

　인정은 이리저리 옮겨 다니기 쉽고 세상일은 기구하다. 가기 어려운 곳이면 일단 한 걸음 물러서는 법을 알 것이요, 가기가 쉬운 곳이면 삼분(三分)의 공을 사양할 줄 알아야 한다.

20

> 영 수 혼 악　　　이 출 총 명
> 寧守渾噩하고 而黜聰明하여
>
> 유 사 정 기 환 천 지　　　영 사 분 화
> 留些正氣還天地하며 寧謝紛華하고
>
> 이 감 담 박　　　유 개 청 명 재 건 곤
> 而甘澹泊하여 遺個淸明在乾坤하리.

【註釋】

・渾噩(혼악) : 소박하여 꾸밈이 없음.

・紛華(분화) : 번잡하고 화려함.

・澹泊(담박) : 소박함.

【對譯】

　차라리 어리석음을 지키고 총명을 내칠지언정 얼마간의 정기 (正氣)를 깃들이게 하며 천지에 돌릴지로다. 차라리 화사함을 사양하고 담백을 달게 여길지언정 하나의 맑은 이름을 오래도 록 천지에 남게 할지로다.

21

敎弟子는 如養閨女하여 最要嚴出入하고
謹交遊하니 若一接近匪人이면
是는 淸淨田中에 下一不淨種子하여
便終身難植嘉禾니라.

【註釋】

· 匪人(비인) : 좋지 못한 사람.
· 嘉禾(가화) : 좋은 곡식.

【對譯】

　제자를 가르치는 일은 깊숙한 집안의 처녀를 기르는 것과 같으니, 출입을 엄격히 하고 남과의 교제를 삼가토록 해야 한다. 만약 한번 나쁜 사람과 가까이 하게 되면 이는 깨끗한 밭에 나쁜 종자를 뿌리는 것과 같아서 평생토록 좋은 곡식 심기가 어려울 것이다.

22

念頭濃者는 自待厚하고 待人亦厚하여
處處皆濃하며 念頭淡者는 自待薄하고
待人亦薄하여 事事皆淡이라. 故로 君子는
居常嗜好에 不可太濃艶하며
亦不宜太枯寂이라.

【註釋】

待 기다릴　　대
厚 후할　　　후
淡 엷을　　　담
皆 다　　　　개

· 嗜好(기호) : 좋아함.
· 濃艶(농염) : 농후하고 아름다움.
· 枯寂(고적) : 메마르고 쓸쓸함.

【對譯】

　마음이 후한 자는 자신에게도 후하고 남에게도 후해 곳곳마다 세밀하지만, 마음이 박한 자는 자신에게도 박하고 남에게도 박해 일마다 찬 기운이 감돈다. 때문에 군자는 항상 기호를 너무 두텁게 해서도 안 되고 너무 고적하게 해서도 안 된다.

93

> 입신 불고일보립 여진리 진의
> 立身에 不高一步立하면 如塵裡에 振衣하며
>
> 니중 탁족 여하초달 처세
> 泥中에 濯足하니 如何超達이리요? 處世에
>
> 불퇴 일보처 여비아 투촉
> 不退一步處하면 如飛蛾가 投燭하며
>
> 저양 촉번 여하안락
> 羝羊이 觸藩이니 如何安樂이리요?

【註釋】

塵 티끌　　　진

裡 속　　　　리

泥 진흙　　　니

濯 씻을　　　탁

燭 촛불　　　촉

• 振衣(진의) : 옷을 터는 것.

• 飛蛾(비아) : 불나방.

• 羝羊觸藩(저양촉번) : 숫양이 뿔로 울타리를 받다. 뿔이 걸려
　 어쩌지 못하는 모양.

【對譯】

　몸을 세움에는 남보다 한 걸음 높게 서지 않으면 마치 티끌 속에서 옷을 터는 것과 같고, 진흙 속에서 발을 씻음과 같으니 그래서야 어찌 남보다 뛰어나다고 하겠는가. 세상에 처함에는 남보다 한 걸음 물러서지 않으면 마치 부나비가 촛불에 뛰어듦과 같고, 숫양의 뿔이 울타리에 걸린 것과 같으니 어찌 그 안락함을 바라겠는가.

24

學者_는 要收拾精神_{하여} 倂歸一路_라.

如修德而留意於事功名譽_{하면}

必無實詣_{하며}, 讀書而寄興於吟咏風雅_{하면}

定不深心_{이라}.

【註釋】

收	거둘	수
拾	주울	습
精	정신	정
倂	아우를	병
譽	명예	예
詣	나아갈	예
咏	읊을	영

· 實詣(실예) : 실제의 성과.

• 詣(예) : 학문에 통달하다.
• 寄興(기흥) : 흥을 붙이는 것.
• 風雅(풍아) : 풍류.

【對譯】

학자는 마땅히 정신을 가다듬어 한 곳으로 집중시켜야 한다. 만일 덕을 닦으면서 만에 하나라도 공명이나 명예에 마음을 둔다면 참된 깊이에 도달할 수 없을 것이요, 책을 읽으면서 가락과 풍류에만 흥미를 붙인다면 결코 깊은 마음을 체득하지 못할 것이다.

즉, 글을 읽는 사람이 취미나 도락 따위에 열중한다면 그것은 형식적인 독서일 뿐 깊은 마음이 깃들이지 못할 것이다.

25

진덕수도　　요개목석적염두
進德修道엔 要個木石的念頭니

약일유흔선　　변추욕경
若一有欣羨이면 便趨欲境이라.

제세경방　　요단운수적취미
濟世經邦엔 要段雲水的趣味니

약일유탐착　　변타위기
若一有貪着이면 便墮危機니라.

【註釋】

• 欣羨(흔선) : 기뻐하고 부러워함.
• 雲水的趣味(운수적취미) : 떠도는 구름. 조용히 흐르는 물과
　같이 한가로운 취미.

【對譯】

　도덕을 닦음에는 그 생각을 목석같이 가져야 한다. 만약 한
번이라도 부러워하는 마음을 일으키면 이내 욕경(欲境)으로 달
리게 될 것이다. 세상을 구제하고 나라를 경륜함에는 운수(雲
水)와 같은 취미를 지녀야 한다. 만약 한번이라도 집착하는 마
음을 지닌다면 금세 위기에 떨어지게 될 것이다.

26

> 간 수 병　　　　즉 목 불 능 시　　　신 수 병
> 肝受病이면 則目不能視하고, 腎受病이면
>
> 즉 이 불 능 청　　　병 수 어 인 소 불 견
> 則耳不能聽하니, 病受於人所不見하여
>
> 필 발 어 인 소 공 견　　　고　　군 자
> 必發於人所共見이라. 故로 君子는
>
> 욕 무 득 죄 어 소 소　　　선 무 득 죄 어 명 명
> 欲無得罪於昭昭어든 先無得罪於冥冥하리.

【註釋】

• 昭昭(소소) : 환히 밝은 곳.
• 冥冥(명명) : 캄캄하게 어두운 곳. 남이 모르는 곳.

【對譯】

　간이 병들면 눈이 볼 수 없고 신(腎)이 병들면 귀가 듣지 못한다. 이렇듯 병은 사람이 보지 못하는 곳에서 발생하되 반드시 사람이 보는 곳에 나타나는 것이므로 사람이 밝은 곳에서 죄를 얻지 않으려면 먼저 남이 보지 않는 곳에서 죄를 짓지 말아야 한다.

27

> 處治世_엔 宜方_{하고} 處亂世_엔 宜圓_{하며}
> 處叔季之世_엔 當方圓並用_{이라.}
> 待善人_엔 宜寬_{하고} 待惡人_엔 宜嚴_{하며}
> 待庸衆之人_엔 當寬嚴互存_{이라.}

【註釋】

· 叔季之世(숙계지세) : 말세.
· 庸衆之人(용중지인) : 평범한 사람.

【對譯】

　태평한 세상을 만나서는 마땅히 모나게 살 것이요, 난세를 만나서는 마땅히 둥글게 살 것이며, 말세를 만나서는 모나고 둥굶을 겸해서 써야 한다. 또 착한 사람을 대할 때는 너그럽게 하고 악한 사람을 대할 때는 엄하게 하고 평범한 사람을 대할 때는 너그러움과 엄격함을 겸하여야 한다.

28

시 은 자 내 불 견 기　　　외 불 견 인
施恩者 内不見己하고 外不見人하면

즉 두 속　　가 당 만 종 지 혜
則斗粟도 可當萬鍾之惠라.

이 물 자 계 기 지 시　　　책 인 지 보
利物者 計己之施하고 責人之報하면

수 백 일　　　　난 성 일 문 지 공
雖百鎰이라도 難成一文之功이라.

【註釋】

• 斗粟(두속) : 한 말의 곡식. 작은 수량.

• 萬鍾(만종) : 많은 양의 곡식.

• 百鎰(백일) : 많은 돈.

• 一文(일문) : 한푼의 돈.

【對譯】

　은혜를 베푸는 자가 안으로 자기 자신을 생각하지 않고 밖으로 남을 생각하지 않는다면 한 말의 좁쌀도 가히 만종(萬鍾)의 혜택과 대등할 것이며, 남을 이롭게 하는 자가 자기 자신의 베풂을 마음속으로 헤아리고 그 보답을 바란다면 그 베풂이 비록 백일(百鎰)일지라도 한푼의 공도 이루기 어려울 것이다.

29

인 지 제 우　　유 제 유 부 제
人之際遇는 有齊有不齊어늘

이 능 사 기 독 제 호　　기 지 정 리
而能使己獨齊乎며 己之情理는

유 순 유 불 순　　이 능 사 인 개 순 호
有順有不順이어늘 而能使人皆順乎아

이 차 상 관 대 치　　역 시 일 방 편 법 문
以此相觀對治하면 亦是一方便法門이니라.

【註釋】

• **相觀對治**(상관대치) : 다른 사람과 비교해 균형을 잡아 다스림.
• **方便法門**(방편법문) : 불교에서 진실법문(眞實法門)에 상반되
　는 말로 편리하게 세상을 사는 방법이라는 뜻.

【對譯】

　사람은 경우에 따라서 모든 것을 가질 수도 있고 갖지 못하
는 수도 있나니 어찌 능히 저 혼자서만 다 갖추려 할 수 있겠
는가. 스스로의 정리(情理)도 순(順)할 때도 있고 불순(不順)할
때도 있나니 어찌 능히 사람으로 하여금 모두 순하게 할 수 있
으리요. 이와 같이 저와 남을 견주어 보고 다스린다면 하나의
좋은 방편이 될 것이다.

30

心地乾淨이라야 方可讀書學古라. 不然이면
見一善行에 竊以濟私하고 聞一善言에
假以覆短이리니, 是는 又藉寇兵而齎盜糧이라.

【註釋】

· 濟私(제사) : 자기의 욕심을 채움.
· 覆短(부단) : 단점을 덮다.
· 藉寇兵而齎盜糧(자구병이재도량) : 적에게 무기를 빌려 주고,
　도둑에게 양식을 대어 주다.

【對譯】

　마음의 바탕이 조촐해야만 책을 읽어 옛 것을 배울 수 있다.
만약 그렇지 않으면 한 가지의 착한 행실을 봐도 이를 훔쳐서
자기의 사욕을 펴는 데 이용할 것이요, 한 마디 착한 말을 들
으면 그것을 자기의 단점을 감추는 데 이용할 것이니 그런다면
이것은 원수에게 군사를 주고 도적에게 양식을 대어 주는 셈이
될 것이다.

31

독서 　 불견성현 　 위연참용
讀書하되 不見聖賢하면 爲鉛槧庸이요,

거관 　 불애자민 　 위의관도
居官하되 不愛子民하면 爲衣冠盜라.

강학 　 불상궁행 　 위구두선
講學하되 不尚躬行이면 爲口頭禪이요,

입업 　 불사종덕 　 위안전화
立業하되 不思種德하면 爲眼前花라.

【註釋】

讀	읽을	독
賢	어질	현
官	벼슬	관
講	익힐	강
禪	중	선

・鉛槧庸(연참용) : 글을 베끼는 고용인.

・衣冠盜(의관도) : 의관을 갖춘 도둑.

・躬行(궁행) : 몸소 실천함.

・眼前花(안전화) : 눈앞에 잠깐 피었다가 곧 시드는 꽃.

【對譯】

  책을 읽고서도 성현을 보지 못한다면 그것은 한갓 지필의 노예가 될 뿐이요, 벼슬자리에 있으면서 백성을 사랑할 줄 모른다면 그것은 다만 관복 입은 도적에 지나지 않는다. 또한 학문을 가르치면서 몸소 실천함을 숭상하지 않는다면 그것은 입에만 걸린 공염불일 뿐이요, 큰 사업을 이루고서도 은덕 심는 일을 생각하지 않으면 그것은 눈앞에 한때의 꽃일 뿐인 것이다.

32

富貴名譽가 自道德來者는 如山林中花하여

自是舒徐繁衍하고, 自功業來者는

如盆檻中花하여 便有遷徙廢興하며,

若以權力得者는 如瓶鉢中花하여

其根을 不植이니 其萎를 可立而待矣라.

【註釋】

- **舒**(서) : 한가하다.
- **舒徐**(서서) : 천천히.
- **繁衍**(번연) : 무성해짐.
- **衍**(연) : 성하다.
- **盆檻**(분함) : 화분.
- **遷徙**(천사) : 옮김.
- **瓶鉢**(병발) : 병이나 바리때. 화병.
- **立而待**(입이대) : 서서 기다려도 된다. 오랜 시간이 걸리지 않는다.

【對譯】

  부귀와 명예가 도덕으로부터 온 것이면 숲 속의 꽃과 같아 절로 잎이 피고 뿌리가 뻗을 것이요, 공적과 사업에서 얻어진 것이라면 화단 속의 꽃과 같아 이리저리 옮겨지고 흥폐가 있을 것이며, 권력으로써 얻어진 것이라면 화병 속의 꽃과 같아 마치 그 뿌리가 심어지지 않는 것과 같은지라, 이내 시듦을 가히 서서 기다릴 수 있을 것이다.

  즉, 권력으로 얻은 것은 잠시 꺾어다 꽂은 화병의 꽃과 같아 곧 시들어 버린다는 것이다.

33

春至時和하면 花尚舖一段好色하고

鳥且囀幾句好音하니 士君子가 幸列頭角하고

復遇溫飽하여 不思立好言行好事하면

雖是在世百年이라도 恰似未生一日이라.

【註釋】

舖 펼　　　　　　포

叚 클　　　　　　가

囀 새 지저귈　　　전

遇 만날　　　　　우

雖 비록　　　　　수

恰 흡사할　　　　흡

· 溫飽(온포) : 따뜻이 입고 배불리 먹음.

· 立好言(입호언) : 좋은 말을 함.

· 行好事(행호사) : 좋은 일을 행함.

【對譯】

봄이 되어 일기가 화창해지면 꽃도 한결 고운 빛을 자랑하고 새들도 고운 목청을 굴린다. 선비가 다행히 세상에 두각을 나타내어 다습고 배부르되 좋은 말과 좋은 일 행하기를 생각지 않는다면 비록 1백 년을 산다 하더라도 마치 하루도 살지 않음과 같은 일이 된다.

즉, 사람은 모름지기 가치 있게 살아야 한다는 것이다.

34

고 심 중　　상 득 열 심 지 취

苦心中에 常得悦心之趣하고

득 의 시　　변 생 실 의 지 비

得意時에 便生失意之悲니라.

【註釋】

- 悦心之趣(열심지취) : 마음을 기쁘게 하는 멋.
- 失意之悲(실의지비) : 실의에 잠기는 슬픔.

【對譯】

　괴로운 마음 가운데 항상 마음을 즐겁게 하는 취향이 있고 득의(得意)한 때에 문득 실의의 슬픔을 낳는다.

　즉, 절정에 달했을 때를 조심하라는 뜻이다.

35

진렴　무렴명　입명자
眞廉은 無廉名이니 立名者는

정소이위탐　대교　무교술
正所以爲貪이요, 大巧는 無巧術이니

용술자　내소이위졸
用術者는 乃所以爲拙이라.

【註釋】

· 眞廉(진렴) : 참다운 청렴.
· 大巧(대교) : 크게 똑똑함.
· 用術(용술) : 술책을 부림.

【對譯】

　참으로 청렴한 사람은 청렴하다는 이름조차 없는 것이니 그런 이름을 얻으려 함은 그 마음속에 탐욕이 있기 때문이다. 참으로 큰 재주를 가진 사람은 별나게 교묘한 재주를 부리지 않는 법이니 애써 묘한 재주를 부리는 것은 그 재주가 졸렬하기 때문이다.

　즉, 큰 지혜를 가진 사람은 어리석은 것 같다는 말과 통하는 말이기도 하다.

36

명근미발자　종경천승감일표
名根未拔者는 縱輕千乘甘一瓢라도

총타진정　객기미융자
總墮塵情이요, 客氣未融者는

수택사해리만세　종위잉기
雖澤四海利萬世라도 終爲剩技니라.

【註釋】

• 千乘(천승) : 임금, 제후.
• 一瓢(일표) : 한 표주박에 담은 하찮은 음식.
• 塵情(진정) : 속된 마음.
• 客氣(객기) : 쓸데없는 용기.
• 剩技(잉기) : 남은 재주. 쓸데없는 기능.

【對譯】

　명예나 이욕에 대한 생각이 아직 뿌리 뽑히지 않은 사람은 비록 천승의 부를 가벼이 알고 일표(一瓢)의 가난을 달게 여길지라도 사실은 속세의 정에 떨어진 것이요, 거짓 용기가 완전히 사라지지 않은 사람은 비록 덕택을 사해에 베풀고 이익을 만세에 입힐지라도 마침내 거짓 재주에 그치고 만다.

37

人知名位爲樂하고

不知無名無位之樂爲最眞하며,

人知饑寒爲憂하고

不知不饑不寒之憂爲更甚이라.

【註釋】

· **無名無位之樂**(무명무위지락) : 명예와 지위가 없는 즐거움.
· **不饑不寒之憂**(불기불한지우) : 굶주리지 않고 추위에 떨지 않는 근심.

【對譯】

사람들은 명예와 지위가 즐거운 것인 줄만 알고, 명예와 지위가 없는 즐거움이 가장 참된 즐거움인 줄을 모른다. 사람들은 굶주리고 추위에 떠는 것을 걱정할 줄만 알고, 굶주림과 추위에 떨지 않는 근심이 더욱 심함을 모른다.

즉, 부를 지키는 근심이 더 크다는 것이다.

38

> 위악이외인지　악중　유유선로
> 爲惡而畏人知는 惡中에 猶有善路요,
>
> 위선이급인지　선처즉시악근
> 爲善而急人知는 善處卽是惡根이라.

【註釋】

・畏人知(외인지) : 남이 알까 두렵다.
・急人知(급인지) : 남이 알아주기를 급히 여김.

【對譯】

　　악한 일을 하고도 남이 알까 두려워하는 것은 그 악 가운데
아직 선의 길이 있음이요, 선을 행하고도 남이 빨리 알아주기
를 바란다면 그 선 가운데 아직도 악의 뿌리가 있기 때문이다.

39

一苦一樂을 相磨練하여 練極而成福者는
其福이 始久하고, 一疑一信을 相參勘하여
勘極而成知者는 其知가 是眞이라.

【註釋】

- 一苦一樂(일고일락) : 한때의 괴로움과 즐거움.
- 一疑一信(일의일신) : 한 번 의심하고 한 번 믿다.
- 參勘(참감) : 참작하여 결정하다.

【對譯】

　괴로움과 즐거움을 함께 단련한 끝에 복을 이룬 사람은 그 복이 비로소 오래 가고, 의심과 믿음을 서로 참조한 다음에 지식을 이룬 사람은 그 지식이 바로 참된 것이다.

40

燥性者는 火熾하여 遇物則焚하고 寡恩者는
冰淸하여 逢物必殺하며 凝滯固執者는
如死水腐木하여 生機已絶하니
俱難建功業而延福祉니라.

【註釋】

焚 불사를　　분

寡 적을　　　과

殺 죽일　　　살

腐 썩을　　　부

延 미칠　　　연

· 燥性者(조성자) : 성질이 조급한 사람.

· 火熾(화치) : 불꽃.

· 凝滯固執者(응체고집자) : 꽉 막혀 고집이 센 사람.

· 死水(사수) : 웅덩이에 괸 썩은 물.

【對譯】

　성질이 조급한 사람은 불이 타는 것과 같아서 닥치는 대로 무엇이든 태워 버리고, 남에게 은혜 베풀기를 싫어하는 사람은 마음이 얼음같이 차서 만나는 대로 얼려 죽이고, 기질이 막히고 고집이 센 사람은 흐르지 않는 물이나 썩은 나무와 같아서 생기가 없다. 이러한 사람들은 모두 공업(功業)을 세우기 어렵고 복을 길이 누리기 어렵다.

41

十語九中이라도 未必稱奇나 一語不中이면
則愆尤騈集하며, 十謀九成이라도
未必歸功이나 一謀不成이면
則訾議叢興하나니 君子는 所以寧默이언정
毋躁하고 寧拙이언정 毋巧니라.

【註釋】

- 十語九中(십어구중) : 열 마디 말 가운데 아홉이 맞다.
- 愆尤(건우) : 허물을 탓함.
- 騈集(변집) : 사방에서 일제히 모여듦.
- 訾議(자의) : 헐뜯는 의논.
- 叢興(총흥) : 무더기로 일어남.

【對譯】

열 마디 말 가운데 아홉 마디가 맞아도 반드시 대단하다고
칭찬하지는 않지만, 한 마디 말이라도 어긋나면 허물하는 소리

가 쏟아진다. 열 가지 계략 가운데 아홉 가지가 성공한다 해도 공을 돌리려 하지 않지만, 한 가지 계략이라도 이루어지지 않을 땐 비난하는 소리가 빗발치듯 쏟아진다. 그러므로 군자는 차라리 침묵을 지킬지언정 큰소리를 치지 않으며 졸렬할지언정 교묘한 재주를 자랑하지 않는 법이다.

42

> 천지지기난즉생　　　한즉살
> 天地之氣暖則生하고 寒則殺이라.
>
> 고　　성기청랭자　　수향역량박
> 故로 性氣淸冷者는 受享亦涼薄하니
>
> 유화기열심지인　　　기복역후
> 唯和氣熱心之人이라야 其福亦厚하고
>
> 기택역장
> 其澤亦長이라.

【註釋】

• 受享(수향) : 받아 누리는 것. 享受(향수)
• 涼薄(양박) : 쌀쌀하고 얄팍함.

【對譯】

　천지의 기운은 따뜻하면 낳아서 기르고 차가우면 시들어 죽게 한다. 이와 마찬가지로 성질이 맑고 차가운 사람은 받아서 누리는 것 또한 박할 것이니 오직 화기(和氣) 있고, 마음이 따뜻한 사람이라야 그 복이 두텁고 은택도 오래 간다.

43

지 지 예 자　　　　다 생 물　　　　수 지 청 자
地之穢者는 多生物하고 水之淸者는

상 무 어　　　고　　　군 자
常無魚라. 故로 君子는

당 존 함 구 납 오 지 량
當存含垢納汚之量하고

불 가 지 호 결 독 행 지 조
不可持好潔獨行之操라.

【註釋】

- 含垢納汚之量(함구납오지량) : 때묻고 더러운 것을 받아들이 는 아량.
- 好潔獨行之操(호결독행지조) : 깨끗한 것을 좋아하고 독특하 게 행동함을 좋아함.

【對譯】

　땅이 더러운 곳에는 초목이 많이 나지만 물이 너무 맑은 곳에는 항상 고기가 없는 법이다. 그러므로 군자는 마땅히 때묻고 더러운 것도 받아들이는 아량을 가져야 할 것이요, 깨끗한 것만 좋아하고 혼자서만 행하려는 뜻을 가지지 말아야 한다.

44

봉 가 지 마 　 가 취 구 치 　 약 야 지 금
泛駕之馬도 可就驅馳하고 躍冶之金도

종 귀 형 범 　 지 일 우 유 부 진
終歸型範하니 只一優遊不振하면

변 종 신 무 개 진 보 　 백 사 운
便終身無個進步라. 白沙云하되

위 인 다 병 　 미 족 수 　 일 생 무 병
爲人多病이 未足羞요 一生無病이

시 오 우 　 　 진 확 론 야
是吾憂라 하니 眞確論也라.

【註釋】

驅 몰　　　　구

馳 달릴　　　치

- 泛駕之馬(봉가지마) : 수레를 잘 뒤엎는 길들여지지 않은 사나운 말.

- 躍冶之金(약야지금) : 쇠를 녹여서 틀에 부을 때 밖으로 튀어 나오는 쇳물.

- 型範(형범) : 형을 이룰 때 쓰는 틀.

- 白沙(백사) : 명(明)나라 때의 학자인 진헌장(陳獻章)의 호.

• **確論**(확론) : 결정적인 의논.

【對譯】

수레를 뒤집는 사나운 말도 길들이면 능히 부릴 수 있고, 다루기 힘든 쇠도 잘만 다루면 마침내 좋은 그릇을 만들 수 있다. 사람이 놀기만 하고 분발함이 없으면 평생토록 아무런 발전도 없을 것이다. 백사 선생이 말하기를, "사람됨이 병 많음은 부끄러운 일이 아니지만 평생토록 병이 없음이 나의 근심됨이라." 했으니 과연 확론이라 하겠다.

45

인 지 일 념 탐 사　　　 변 소 강 위 유
人只一念貪私면 便銷剛爲柔하고

색 지 위 혼　　　 변 은 위 참　　　 염 결 위 오
塞智爲昏하며 變恩爲慘하고 染潔爲汚하여

괴 료 일 생 인 품　　　　　고　　 고 고 인
壞了一生人品이라. 故로 古人은

이 불 탐　　　 위 보　　　 소 이 도 월 일 세
以不貪으로 爲實하니 所以度越一世라.

【註釋】

便	곧	변
變	변할	변
恩	은혜	은
慘	혹독할	참
潔	깨끗할	결
壞	무너뜨릴	괴

• 銷剛爲柔(소강위유) : 강건한 성품이 녹아 유약해짐.

• 塞智爲昏(색지위혼) : 지혜가 막혀 어리석어짐.

• 度越一世(도월일세) : 한세상을 초월하다.

【對譯】

사람이 다만 탐욕에 정신을 쏟는다면 강직했던 기상도 녹아서 약해지고, 슬기가 막혀 어두워지며, 은혜로운 마음이 혹독해지고, 깨끗했던 마음도 더러움에 물들어 일생의 인품을 깨뜨리고 만다. 때문에 옛사람들은 탐욕하지 않음을 보배로 삼았으니 이로써 일세를 초월해 살아갈 수 있었던 것이다.

즉, 한세상을 초연한 마음가짐으로 보낼 수 있는 힘은 바로 이 탐욕하지 않는 데서 비롯된 것이다.

46

耳目見聞은 爲外賊이요 情欲意識은 爲內賊이니 只是主人翁이 惺惺不昧하여 獨坐中堂하면 賊便化爲家人矣라.

【註釋】

· 惺惺(성성) : 정신을 차리고 깨어 있는 모습.
· 中堂(중당) : 마루 한가운데, 중심.

【對譯】

　귀와 눈이 듣고 봄은 바깥 도적이 되고 정욕의 의식은 안의 도적이 되지만, 다만 주인되는 본심이 맑은 정신으로 중당(中堂)에 뚜렷이 앉아 있으면 도적도 문득 화해서 한 식구가 된다.

47

> ^{도 미 취 지 공}　^{불 여 보 이 성 지 업}
> 圖未就之功은 不如保已成之業이요,
>
> ^{회 기 왕 지 실}　^{불 여 방 장 래 지 비}
> 悔旣往之失은 不如防將來之非라.

【註釋】

· **未就之功**(미취지공) : 성취시키지 못한 공.
· **已成之業**(이성지업) : 이미 성취시켜 놓은 일.

【對譯】

아직 이루지 못한 공을 도모하는 것은 이미 이룬 업을 보전하는 것만 같지 못하고, 이미 지나간 과오를 뉘우치는 것은 앞으로 다가올 잘못을 막느니만 같지 못하다.

48

기상 요고광 이불가소광
氣象은 要高曠이나 而不可疎狂하고

심사 요진밀 이불가쇄설
心思는 要縝密이나 而不可瑣屑하며,

취미 요충담 이불가편고
趣味는 要沖淡이나 而不可偏枯하고

조수 요엄명 이불가격렬
操守는 要嚴明이나 而不可激烈이라.

【註釋】

· 疎狂(소광) : 엉성하고 경솔함.
· 縝密(진밀) : 치밀하여 빈틈이 없음.
· 瑣屑(쇄설) : 잘고 부스러기를 뜻함.
· 沖淡(충담) : 담박함.
· 偏枯(편고) : 지나치게 메마름.

【對譯】

기상은 높고 넓어야 하지만 소홀해서는 안 되며, 심사는 빈틈이 없어야 하지만 너무 잘아서는 안 된다. 취미는 담박한 것이 좋으나 너무 말라서는 안 되며, 지조를 지킴에는 엄정해야 하나 과격해서는 안 된다.

49

風來疎竹에 風過而竹不留聲하고,
雁度寒潭에 雁去而潭不留影이라. 故로
君子는 事來而心始現하고 事去而心隨空이라.

【註釋】

- 疎竹(소죽) : 성긴 대나무 숲.
- 寒潭(한담) : 쓸쓸한 못.
- 心隨空(심수공) : 마음도 그에 따라 빔.

【對譯】

　바람이 성근 대숲에 오나 바람이 지나가면 대숲은 소리가 남기지 않고 기러기가 못을 지나가나 그 기러기가 가버리면 그 그림자를 남겨놓지 않는다. 그러므로 군자는 일이 생기면 비로소 마음에 나타나고 일이 지나고 나면 마음도 따라서 빈다.

　즉, 지난일에 쓸데없이 집착해서는 안 된다는 말이다.

50

貧家도 淨拂地하고 貧女도 淨梳頭하면 景色이

雖不艶麗나 氣度는 自是風雅니 士君子가

一當窮愁寥落이나 奈何輒自廢弛哉리요?

【註釋】

· 拂地(불지) : 땅을 쓰는 것. 소제하다.
· 梳頭(소두) : 머리를 빗음.
· 窮愁寥落(궁수요락) : 곤궁한 근심과 영락함.
· 輒(첩) : 문득.
· 廢弛(폐이) : 포기함.

【對譯】

가난한 집도 깨끗이 소제하고 가난한 집 여인도 깨끗이 머리를 빗으면 비록 겉모양이 아름답지는 못할지라도 기품은 절로 맑아질 것이니라. 그러니 선비가 한때 곤경에 처해 영락한들 어찌 가벼이 스스로를 버릴까 보냐.

즉, 한때 궁하여 초야에 묻히는 불우한 처지에 놓일지라도 자포자기하지 말아야 한다는 것이다.

51

閒中에 不放過면 忙處에 有受用하고,

靜中에 不落空이면 動處에 有受用하며,

暗中에 不欺隱하면 明處에 有受用이라.

【註釋】

• 放過(방과) : 그냥 지나쳐 버림.
• 受用(수용) : 쓸모.
• 欺隱(기은) : 속이고 감추는 것.

【對譯】

　한가한 때에 헛되이 시간을 보내지 않으면 다음 바쁜 일에 긴요하게 쓰이게 되고, 고요할 때에 쉼이 없으면 활동할 때 도움이 될 것이며, 어두운 가운데서 속이는 일이 없으면 밝은 곳에서 그 덕을 받을 수 있을 것이다.

52

念頭起處에 纔覺向欲路上去면
便挽從理路上來하라. 一起便覺하고
一覺便轉이니 此是轉禍爲福하고
起死回生的關頭니 切莫輕易放過하라.

【註釋】

• 起死回生(기사회생) : 죽은 사람을 일으켜 살리는 것.
• 關頭(관두) : 갈림길. 岐路(기로)
• 輕易(경이) : 가볍게 여김.

【對譯】

　문득 한 생각이 욕심의 길로 향해 감을 깨닫거든 곧 이끌어 도리의 길로 좇아오도록 하라. 생각이 일어나거든 곧 깨닫고, 깨닫는 즉시 이내 돌리면 이는 곧 재앙을 돌려서 복으로 삼고 죽음에서 일어나 삶으로 돌리는 고비가 된다. 그러니 가벼이 마음을 놓지 말라.

53

정 중 정 비 진 정 동 처 정 득 래
靜中靜은 非眞靜이니 動處에 靜得來라야

재 시 성 천 지 진 경 낙 중 락 비 진 락
纔是性天之眞境이요, 樂中樂은 非眞樂이니

고 중 낙 득 래 재 견 심 체 지 진 기
苦中에 樂得來라야 纔見心體之眞機니라.

【註釋】

· **性天之眞境**(성천지진경) : 성천은 마음, 마음의 참된 경지.
· **心體之眞機**(심체지진기) : 마음의 참된 기틀.

【對譯】

  고요함 속에서 고요함은 참다운 고요함이 아니다. 움직이는 곳에서 고요함을 얻어야만 심성의 참 경지를 얻을 수 있다. 즐거움 속에서의 즐거움은 참다운 즐거움이 아니다. 괴로운 가운데서 즐거움을 얻어야만 마음의 참 기틀을 보게 된다.

54

天이 薄我以福이어든 吾는 厚吾德以迓之하고
天이 勞我以形이어든 吾는 逸吾心以補之하며
天이 阨我以遇어든 吾는 亨吾道以通之하면
天且我에 奈何哉리요?

【註釋】

逸 잃을   일

通 형통할   통

• 薄我以福(박아이복) : 나에게 복을 박하게 하다.
• 勞我以形(노아이형) : 내 몸을 수고롭게 함.
• 阨我以遇(액아이우) : 나에게 액운을 만나게 하다.
• 奈何哉(내하재) : 어떻게 하겠는가?

【對譯】

　하늘이 나에게 복을 박하게 주거든 나는 내 덕을 두텁게 함
으로써 이를 맞을 것이요, 하늘이 내 몸을 괴롭게 하거든 나는

내 마음을 편안히 함으로써 이를 보충할 것이며, 하늘이 나에게 곤궁한 경우를 준다면 나는 내 도를 형통케 함으로써 그 길을 뚫어낼 것이니 이와 같으면 하늘도 나를 어쩌지 못하게 될 것이다.

즉, 하늘이 나에게 냉혹하여 행복을 내려주지 않는다면 나는 더욱 노력해서 행복을 구해야 한다는 글이다.

55

정사　　무심요복　　　천즉취무심처
貞士는 無心徼福이라 天卽就無心處하여

유기충　　　험인　　착의피화
牖其衷하고, 憸人은 著意避禍라

천즉취착의중　　　탈기백
天卽就著意中하여 奪其魄하니,

가견천지기권　　최신
可見天之機權이 最神이라

인지지교　　하익
人之智巧가 何益이리요?

【註釋】

避 피할　　　　피

奪 빼앗을　　　　탈

魄 넋　　　　　　백

・徼福(요복) : 복을 바라다.
・牖其衷(유기충) : 그 마음 열다.
・憸人(험인) : 간사한 사람.
・機權(기권) : 권능(權能).
・智巧(지교) : 지혜로운 꾀.

【對譯】

곧은 선비는 복을 탐하는 생각이 없는지라 하늘은 그 마음 없는 곳에다 그 복의 문을 열어주고, 간사한 사람은 재앙을 피하려고만 하는지라 하늘은 그 피하려는 마음에 재앙을 내려 그 넋을 빼앗는다. 이와 같으니 가히 보라. 하늘의 기능과 권세가 얼마나 신통한가를! 사람의 지혜나 꾀가 무슨 보람이 되겠는가.

56

平民도 肯種德施惠하면 便是無位的公相이요, 士夫도 徒貪權市寵하면 竟成有爵的乞人이라.

【註釋】

- 貪權市寵(탐권시총) : 권세를 탐내고 은총을 사는 것.
- 有爵的乞人(유작적걸인) : 작위가 있는 걸인.

【對譯】

　평민이라도 기꺼이 덕을 심고 은혜를 베풀면 문득 직위 없는 삼공재상(三公宰相)이 되고, 지체 있는 사대부라도 헛되이 권세를 탐내고 총애를 팔면 마침내 벼슬 있는 거지가 된다.

57

군 자 이 사 선　　무 이 소 인 지 사 악
君子而詐善은 無異小人之肆惡이요,

군 자 이 개 절　　불 급 소 인 지 자 신
君子而改節은 不及小人之自新이라.

【註釋】

• 君子而詐善(군자이사선) : 군자가 선한 척 속이는 것.
• 肆惡(사악) : 악을 제멋대로 행함.
• 自新(자신) : 잘못을 뉘우치고 새롭게 태어남.

【對譯】

　군자가 되어 선(善)을 속인다면 그것은 소인이 악을 함부로 행함과 다를 것이 없고, 군자로서 절개를 바꾼다면 그것은 소인이 제 잘못을 반성하는 것만도 못할 것이다.

58

此心_{차심}이 常看得圓滿_{상간득원만}하면 天下_{천하}에
自無缺陷之世界_{자무결함지세계}요, 此心_{차심}이 常放得寬平_{상방득관평}하면
天下_{천하}에 自無險側之人情_{자무험측지인정}이라.

【註釋】

· 寬平(관평) : 관대하고 평화로움.
· 險側(험측) : 험하고 흉측함.

【對譯】

　마음을 보아 항상 원만함을 얻으면 천하가 저절로 결함 없는 세계가 될 것이요, 마음을 항상 놓아 너그러움을 얻으면 천하에 저절로 험악한 인정이 없게 될 것이다.

　즉, 이 세상을 즐겁게 사느냐, 괴롭게 사느냐는 모두 그 사람의 마음에 달려 있다는 뜻이다.

59

居逆境中이면 周身이 皆鍼砭藥石이라
砥節礪行而不覺하고, 處順境內면 眼前이
盡兵刃戈矛라 銷膏靡骨而不知니라.

【註釋】

- 鍼砭(침폄) : 침 쇠로 만든 침과 돌로 만든 침.
- 砥節(지절) : 절조를 갈고 다듬는 것.
- 礪行(여행) : 행실을 가다듬음.
- 銷膏(소고) : 살을 녹임.
- 靡骨(미골) : 뼈를 깎음.

【對譯】

　역경 속에 있으면 그 주위의 모든 괴로움이 약이 되는 것이라, 모르는 가운데서 절조와 행실을 닦게 되는 것이며, 순탄한 가운데 있으면 눈앞이 모두 칼과 창이 되는지라, 기름을 녹이고 뼈를 깎아내는 것도 알지 못하게 된다.

60

인심일진
人心一眞하면 便霜可飛하고 城可隕하며

금석가관
金石可貫이나, 若僞妄之人은 形骸徒具나

진재이망
眞宰已亡이라. 對人則面目이 可憎하고

독거즉형영자괴
獨居則形影自媿니라.

【註釋】

•城可隕(성가운) : 성곽도 무너뜨릴 수 있다.
•形影自媿(형영자괴) : 형체가 스스로 부끄러워한다.

【對譯】

　사람의 진심은 문득 서리도 날게 할 수 있으며, 성을 무너뜨리고 금석을 뚫을 수도 있지만, 위망(僞妄)한 사람은 한낱 형체만 갖추고 있을 뿐 참 임자는 이미 망한지라, 사람을 대하면 얼굴이 밉고, 혼자 있으면 제 모습과 그림자에 대해서도 스스로 부끄러울 것이다.

61

> 불 책 인 소 과　　불 발 인 음 사
> 不責人小過하고 不發人陰私하며
> 불 념 인 구 악　　삼 자　　가 이 양 덕
> 不念人舊惡하라 三者는 可以養德하고
> 역 가 이 원 해
> 亦可以遠害니라.

【註釋】

- 不發(불발) : 드러내지 않는다.
- 陰私(음사) : 사사로운 비밀.
- 養德(양덕) : 덕성을 기름.

【對譯】

　남의 조그만 허물을 꾸짖지 말고 남의 비밀을 드러내지 않으며 남의 지난날 잘못을 생각하지 말라. 이 세 가지는 가히 덕을 기르고 또한 해를 멀리할 것이다.

62

이 환적 언　　무 론 공 명 부 귀
以幻迹言하면 無論功名富貴하고

즉 지 체　　역 속 위 형
卽肢體도 亦屬委形이요,

이 진 경 언　　무 론 부 모 형 제
以眞境言하면 無論父母兄弟하고

즉 만 물　개 오 일 체　　인 능 간 득 파
卽萬物이 皆吾一體니, 人能看得破하고

인 득 진　　재 가 임 천 하 지 부 담
認得眞하면 纔可任天下之負擔하고

역 가 탈 세 간 지 강 쇄
亦可脫世間之韁鎖니라.

【註釋】

肢 팔다리　　　　지

擔 맡을　　　　　담

• 幻迹(환적) : 환상적인 자취.
• 委形(위형) : 위임받은 형체.
• 眞境(진경) : 참된 경지.
• 看得破(간득파) : 보아서 깨달음.

• **韁鎖**(강쇄) : 고삐와 사슬. 속박.

【對譯】

　천지만물을 환적으로써 말한다면 부귀공명은 말할 것 없고 우리 몸의 사지오체도 또한 위형(委形)에 속한다. 천지만물을 진경(眞境)으로써 말한다면 부모형제는 물론 세상만물에 이르기까지 모두가 나와 일체 아님이 없으니, 사람이 능히 그 실상을 파악 간파한다면 가히 천하의 짐을 맡을 것이요, 또한 모든 세간의 속박에서 벗어날 수 있을 것이다.

63

천지 유만고 차신 부재득
天地는 有萬古나 此身은 不再得이요

인생 지백년 차일 최이과
人生은 只百年이나 此日은 最易過라.

행생기간자 불가불지유생지락
幸生其間者는 不可不知有生之樂하고

역불가불회허생지우
亦不可不懷虛生之憂라.

【註釋】

此	이	차
再	다시	재
幸	다행	행
亦	또	역
懷	품을	회

• **最易過**(최이과) : 가장 빨리 지나간다.

• **不可不**(불가불) : 하지 않을 수 없다.

• **有生之樂**(유생지락) : 살아 있다는 데에 대한 즐거움.

• **虛生之憂**(허생지우) : 헛되이 사는 데 대한 근심.

【對譯】

천지는 만고에 있으되 이 몸은 두 번 다시 태어나지 못한다. 인생은 다만 백 년이라, 이 날이 가장 가버리기 쉽다. 다행히 그 사이에 태어난 몸이 살아 있는 즐거움을 몰라서도 안 되며, 또한 헛되이 사는 근심을 품지 아니치 못하리라.

즉, 한평생을 허무한 인생이 되지 않도록 마음속에 새겨두어야 할 것이다.

64

> 怨因德彰이라 故로 使人德我로는
> 不若德怨之兩忘이요, 仇因恩立이라
> 故로 使人知恩으로 不若恩仇之俱泯이라.

【註釋】

- 怨因德彰(원인덕창) : 원한은 덕 때문에 드러난다.
- 使人德我(사인덕아) : 남으로 하여금 나의 은덕을 느끼게 함.
- 不若(불약) : ~하는 것만 같지 못하다.
- 恩仇之俱泯(은구지구민) : 은혜, 원수를 함께 마음에서 지움.

【對譯】

원한이란 덕으로 인해서 나타나는 것이다. 때문에 사람으로 하여금 나를 덕으로 여기게 하기보다는 덕과 원한 두 가지를 잊게 하는 것만 같지 못하다. 원수는 은혜로 인하여 생겨나는 것이다. 때문에 사람으로 하여금 은혜를 알게 하기보다는 은혜와 원수를 다 없애는 것만 같지 못하다.

65

市私恩은 不如扶公議요 結新知는
不如敦舊好며, 立榮名은 不如種隱德이요
尙奇節은 不如謹庸行이라.

【註釋】

・市私恩(시사은) : 사사로이 은혜를 베푸는 것.
・奇節(기절) : 기이한 절조.
・庸行(용행) : 보통 행실.

【對譯】

사사로운 은혜를 파는 것은 공의(公議)를 심는 것만 같지 못하고, 새로이 친구를 만들기보다는 옛 친구의 정을 두터이하는 것만 같지 못하다. 영광된 명예를 세우기보다는 숨은 공덕을 심는 것만 같지 못하고, 기이한 절의(節義)를 숭상하느니보다는 행동에 더러운 허물이 없도록 일상의 행동을 삼가는 것만 같지 못하다.

66

곡 의 이 사 인 회　　　불 약 직 궁 이 사 인 기
曲意而使人喜는 **不若直躬而使人忌**하고,

무 선 이 치 인 예　　　불 약 무 악 이 치 인 훼
無善而致人譽는 **不若無惡而致人毀**니라.

【註釋】

- **直躬**(직궁) : 몸을 바르게 하다.
- **人譽**(인예) : 남의 칭찬.
- **人毀**(인훼) : 남의 비난.

【對譯】

　뜻을 굽혀서 남의 기쁨을 얻기보다는 내 몸의 행실을 바르게 하여 남의 미움을 받는 것이 나으며, 선행을 한 일도 없이 남의 칭찬을 받기보다는 악한 일을 하지 않고 남의 훼을 받는 것이 훨씬 낫다.

67

> 소처　　불삼루　　암중　　불기은
> 小處에 不滲漏하고 暗中에 不欺隱하며
>
> 말로　　불태황　　재시개진정영웅
> 末路에 不怠荒하면 纔是個眞正英雄이라.

【註釋】

- 滲漏(삼루) : 물이 새다.
- 欺隱(기은) : 속이다.
- 怠荒(태황) : 게으르고 방종함.

【對譯】

　작은 일에도 허술하지 않으며 남이 보지 않는 곳에 속임이 없으며 실패한 경우에도 절망하지 않으면 하나의 진정한 영웅이라 할 만하다.

　즉, 사업에 실패했어도 자포자기하지 않는 사람이야말로 참다운 영웅이라 할 만하다는 것이다.

68

천금　　난결일시지환
千金도 難結一時之歡이요

일반　　의치종신감
一飯도 意致終身感이니

개애중반위구　　박극번성희야
蓋愛重反爲仇요 薄極翻成喜也라.

【註釋】

· 一飯(일반) : 한 끼의 식사.
· 薄極(박극) : 박대함이 극에 이름.

【對譯】

　천금을 주고도 일시의 환심을 맺기가 어려우나, 한 그릇 밥으로도 평생의 은혜로움을 이룰 수 있다. 무릇 사랑도 정도를 지나치면 도리어 원수가 되고, 아주 적은 도움도 진정의 것이라면 도리어 기쁨이 된다.

　즉, 많은 돈이나 물질보다는 필요할 때 진심으로 도와주는 편이 낫다는 것이다.

69

當怒火欲水가 正騰沸處하여 明明知得하고

又明明犯著하니 知的是誰며 犯的又是誰오?

此處에 能猛然轉念하면 邪魔便爲眞君矣니라.

【註釋】

• **怒火欲水**(노화욕수) : 불꽃 같은 노여움과 욕망의 물결.

• **邪魔**(사마) : 악마 같은 마음.

• **眞君**(진군) : 참다운 마음.

【對譯】

　분노가 불길처럼 타오르고 욕심이 물 끓듯 끓어오를 때를 당하여 이를 명백히 알고 억제할 수 있는 자가 있다. 그렇다면 그 아는 자는 누구이며 그 억제하는 자는 누구인가. 이러한 점에 분연히 생각을 뒤바꿀 수 있다면 불길 같은 분노와 끓어오르는 욕심도 문득 참마음이 될 것이다.

70

쇠 삽 적 경 상　　취 재 성 만 중
衰颯的景象은 就在盛滿中하고

발 생 적 기 함　　즉 재 영 락 내
發生的機緘은 卽在零落內라.

고　군 자　거 안　　의 조 일 심 이 려 환
故로 君子는 居安엔 宜操一心以慮患하고

처 변　　당 견 백 인 이 도 성
處變엔 當堅百忍以圖成이라.

【註釋】

盛	성할	성
零	떨어질	령
操	잡을	조
堅	굳을	견
圖	꾀할	도

· 衰颯(쇠삽) : 쇠잔하고 소슬함.

· 景象(경상) : 풍경, 모습.

· 機緘(기함) : 움직임.

· 慮患(여환) : 환난을 걱정함.

【對譯】

　쓸쓸한 기상은 왕성함 속에 스며 있고 자라나는 기운은 이미 쇠망함 속에서 움틀거린다. 그러므로 군자는 편안할 때에 마땅히 한 마음을 잡음으로써 뒷날의 근심을 생각할 것이며, 변을 만나서는 백 번을 참아 일을 도모하도록 힘써야 한다.

　즉, 곤경에 처했을 때일수록 참고 견디어 최후의 성공을 도모하는 것이다.

71

> 인지단처 요곡위미봉
> 人之短處는 要曲爲彌縫이니
>
> 여폭이양지 시 이단공단
> 如暴而揚之하면 是는 以短攻短이요,
>
> 인유완적 요선위화회
> 人有頑的이면 要善爲化誨니
>
> 여분이질지 시 이완제완
> 如忿而疾之면 是는 以頑濟頑이라.

【註釋】

- 彌縫(미봉) : 감싸주는 것.
- 善爲化誨(선위화회) : 좋게 하여 깨우치게 함.
- 疾(질) : 미워하다.
- 以頑濟頑(이완제완) : 완악함으로써 완악함을 건지려 하는 것.

【對譯】

남의 단처는 힘써 덮어줘야 한다. 만약 폭로시켜 드러내면 이것은 단점으로써 단점을 공격하는 것이 된다. 사람이 완고함이 있거든 부드럽게 잘 타일러 줘야 한다. 만약 성을 내고 미워한다면 이것은 완고함으로써 완고함을 없애 주는 것과 같다.

72

염 두 혼 산 처 　 요 지 제 성 　 염 두 끽 긴 시
念頭昏散處엔 要知提醒하고 念頭喫緊時엔

요 지 방 하 　 불 연 　 공 거 혼 혼 지 병
要知放下하라. 不然이면 恐去昏昏之病이라도

우 래 동 동 지 요 의
又來憧憧之擾矣라.

【註釋】

• 昏散(혼산) : 어둡고 산란하다.

• 提醒(제성) : 깨닫다.

• 昏昏之病(혼혼지병) : 마음이 우울한 병.

• 憧憧(동동) : 마음이 침착하지 못한 모습.

【對譯】

　마음이 어둡고 산란한 때엔 정신 차릴 줄을 알아야 하고, 마음이 너무 긴장하고 딱딱할 때엔 풀어줄 줄을 알아야 한다. 만일 그렇지 못하면 어두운 마음은 고칠지라도 다시 흔들리는 마음에 병들기 쉽다.

73

勝私制欲之功은 有曰,

'識不早면 力不易者라'하고, 有曰,

'識得破라도 忍不過者라'하니

蓋識은 是一顆照魔的明珠요

力은 是一把斬魔的慧劍이니 兩不可少也라.

【註釋】

勝	이길	승
蓋	대개	개
照	비출	조
魔	마귀	마
斬	벨	참

• 一顆(일과) : 한 알.
• 明珠(명주) : 밝게 비추는 구슬.

• **慧劍**(혜검) : 번뇌와 속박을 끊는다는 검.

【對譯】

　사사로움을 이기고 욕심을 억제함에는 그것이 무엇인가를 빨리 알지 않으면 억제하는 힘이 쉽지 않다고 하는 이도 있고, 아무리 알았다 해도 참는 힘이 부족하면 억제하기가 어렵다고 하는 사람도 있다. 이로써 보건대 지식은 악마성을 밝혀내는 한 개의 명주(明珠)요, 의지는 그 악마를 베어 죽이는 한 자루 칼이니, 두 가지 모두 없어서는 안 될 것이다.

74

오신　　일소천지야　　사희노불건
吾身은 一小天地也라 使喜怒不愆하고

호오유칙　　　변시섭리적공부
好惡有則이면 便是燮理的功夫요

천지　　일대부모야　　사민무원자
天地는 一大父母也라 使民無怨咨하고

물무분진　　역시돈목적기상
物無氛疹이면 亦是敦睦的氣象이라.

【註釋】

使	하여금	사
便	곧	변
功	공	공
氣	기운	기
象	모양	상

• 喜怒不愆(희노불건) : 기쁨과 성냄에 잘못이 없음.

• 燮理(섭리) : 조화롭게 다스림.

• 怨咨(원자) : 원망하여 탄식함.

• 氛疹(분진) : 나쁜 병.

• 敦睦(돈목) : 친목을 돈독히 함.

【對譯】

　　내 몸은 하나의 작은 천지이다. 기쁨과 성냄으로 인하여 허물됨이 없고, 좋아하고 미워함에 법도가 있으면 곧 천지의 이치에 순응하는 공부가 된다. 천지는 하나의 거룩한 부모이다. 백성으로 하여금 원망이 없게 하고 모든 사물에 근심이 없게 한다면 이것이 곧 화합(和合)의 기상이다.

75

해인지심 불가유 방인지심
'害人之心은 不可有요 防人之心은

불가무　　　차　계소어려야
不可無라' 하니 此는 戒疎於慮也라.

영수인지기　　무역인지사
'寧受人之欺언정 毋逆人之詐라' 하니

차　경상어찰야　이어병존
此는 警傷於察也라. 二語竝存하면

정명이혼후의
精明而渾厚矣라.

【註釋】

警 경계할　　경

傷 상할　　　상

竝 아우를　　병

・防人之心(방인지심) : 남이 해치려는 마음을 막는 것.

・受人之欺(수인지기) : 남의 속임을 받다.

・逆人之詐(역인지사) : 남이 자기를 속일 것이라고 짐작함.

・渾厚(혼후) : 원만하고 두터움.

【對譯】

　사람을 해하고자 하는 마음을 두지 말라. 그러나 사람의 해를 막는 마음은 없지 못할 것이니, 이는 생각이 소홀함을 경계함이다. 차라리 사람의 속임을 받을지언정 사람의 속임수를 거스르지는 말라. 이는 살핌의 도가 지나침을 경계함이다. 이 두 가지 말을 아울러 가진다면 생각이 깊고 덕행이 두터워질 것이다.

76

횡역곤궁 시단련호걸적일부로추
横逆困窮은 是煅煉豪傑的一副鑪錘니

능수기단련 즉신심교익
能受其煅煉하면 則身心交益하고

불수기단련 즉신심교손
不受其煅煉하면 則身心交損이라.

【註釋】

• 横逆困窮(횡역곤궁) : 역경에 처하고 곤궁하게 지냄.
• 煅煉(단련) : 쇠붙이를 달구어 두드리는 것. 심신을 단련하는
  것에 비유함.
• 鑪錘(노추) : 용광로와 망치

【對譯】

　사람을 괴롭히는 재앙과 역경은 호걸을 단련하는 하나의 화
로와 망치이다. 능히 그 단련을 받으면 몸과 마음이 함께 이로
울 것이요, 그 단련을 받지 않으면 몸과 마음이 함께 해를 볼
것이다.

77

> 무 인 군 의 이 조 독 견
> 毋因群疑而阻獨見하고
>
> 무 임 기 의 이 폐 인 언
> 毋任己意而廢人言하며,
>
> 무 사 소 혜 이 상 대 체
> 毋私小惠而傷大體하고
>
> 무 차 공 론 이 쾌 사 정
> 毋借公論以快私情하라.

【註釋】

- 小惠(소혜) : 작은 은혜.
- 公論(공론) : 공적인 의논, 여론.
- 私情(사정) : 사사로운 감정.

【對譯】

많은 사람이 의심한다 하여 자기의 의견을 굽히지 말며, 자기의 뜻에만 맡겨 남의 말을 물리치지 말라. 사사로운 작은 은혜에 붙들려서 대국(大局)을 상하게 말며, 공론을 빙자함으로써 사정을 만족시키려 하지 말라.

즉, 사물을 정확히 관찰하고 공사를 분명히 해야만 큰일을 이룰 수 있다는 것이다.

78

선인   미 능 급 친   불 의 예 양
善人을 未能急親이어든 不宜預揚이니

공 래 참 참 지 간   악 인   미 능 경 거
恐來讒譖之奸이요, 惡人을 未能輕去어든

불 의 선 발   공 초 매 얼 지 화
不宜先發이니 恐招媒蘗之禍니라.

【註釋】

· 讒譖(참참) : 참소, 헐뜯음.
· 輕去(경거) : 쉽게 제거함.
· 媒蘗(매얼) : 재앙을 초래함.

【對譯】

착한 사람이라도 급히 친할 수 없거든 미리 칭찬하지 말라. 간사한 사람의 이간질이 올까 두렵다. 악한 사람이라도 쉽게 내칠 수 없거든 미리 발설하지 말라. 뜻하지 않은 재앙을 부를까 두렵다.

79

> 청천백일적절의　자암실옥루중배래
> 青天白日的節義는 自暗室屋漏中培來하고,
>
> 선건전곤적경륜　자림심리박처조출
> 旋乾轉坤的經綸은 自臨深履薄處操出이라.

【註釋】

- **屋漏**(옥루) : 사람이 잘 보이지 않는 방구석.
- **旋乾轉坤**(선건전곤) : 하늘과 땅을 마음대로 돌림.
- **經綸**(경륜) : 세상을 다스리는 능력.
- **臨深履薄**(임심리박) : 깊은 못에 임하고 얇은 얼음을 밟듯 조심함.

【對譯】

　청천백일처럼 밝은 절의도 본래는 어두운 방 한구석에서 길러 온 것이요, 건곤(乾坤)을 뒤흔드는 뛰어난 경륜도 실상은 깊은 못에 들 듯, 살얼음을 밟듯 조심해 얻어진 재주인 것이다.

80

父慈子孝하고 兄友弟恭하여 縱做到極處라도
俱是合當如此니 著不得一毫感激的念頭라.
如施者任德하고 受者懷恩하면
便是路人이니 便成市道니라.

【註釋】

- **任德**(임덕) : 덕을 베푼다고 자처함.
- **懷恩**(회은) : 은혜로 생각함.
- **市道**(시도) : 장사꾼의 상거래.

【對譯】

어버이가 자식을 사랑하고, 어버이에게 효도하며, 형이 아우를 아끼고, 아우가 형을 공경하여 비록 지극한 곳에 이르렀다 할지라도 그것은 모두 당연한 일일 뿐 감격한 생각을 두지 말 것이니, 만약 베푸는 자가 덕으로 자처하고 받는 자가 은혜라 생각한다면, 이는 곧 저 길가의 행인과 다름없는지라 문득 장사하는 것과 다를 바가 없다.

81

> 유연   필유추   위지대   아불과연
> 有妍이면 必有醜하여 爲之對니 我不誇妍이면
>
> 수능추아   유결   필유오
> 誰能醜我리요? 有潔이면 必有汚하여
>
> 위지구   아불호결   수능오아
> 爲之仇니 我不好潔이면 誰能汚我리요?

【註釋】

• **爲之對**(위지대) : 상대가 되다.
• **誇妍**(과연) : 아름다움을 과시함.
• **爲之仇**(위지구) : 짝이 되다.
• **好潔**(호결) : 깨끗함을 좋아하다.

【對譯】

　고움이 있으면 반드시 추함이 있어서 서로 대(對)가 된다. 내가 고움을 자랑하지 않으면 누가 능히 나를 추하다 하겠는가. 깨끗함이 있으면 반드시 더러움이 있어서 서로 적대(敵對)가 된다. 내가 깨끗함을 좋아하지 않으면 누가 능히 나를 더럽히겠는가?

　즉, 자중한다면 그만큼 남의 미움도 사지 않고 실패하는 일도 적게 될 것이다.

82

공과 불용소혼 혼즉인회타타지심

功過는 不容少混이니 混則人懷惰墮之心하고,

은구 불가대명 명즉인기휴이지지

恩仇는 不可大明이니 明則人起携貳之志니라.

【註釋】

· **功過**(공과) : 공로와 과실.
· **携貳之志**(휴이지지) : 두 마음을 품다. 의심하다.

【對譯】

　공로와 과실은 조금도 혼동하지 말라. 혼동하면 사람들이 반드시 게으른 마음을 품을 것이다. 은혜와 원수는 크게 밝히지 말라. 그것을 분명히 밝히면 반드시 배반의 뜻을 일으키게 될 것이다.

83

<blockquote>
惡忌陰하고 善忌陽이라. 故로 惡之顯者는
禍淺而隱者는 禍深하며 善之顯者는
功小而隱者는 功大니라.
</blockquote>

【註釋】

- 惡忌陰(악기음) : 악은 그늘진 곳에 숨기를 싫어한다.
- 善忌陽(선기양) : 선은 밝은 곳에 드러나기를 꺼린다.
- 惡之顯者(악지현자) : 악 가운데서 드러난 것.
- 善之顯者(선지현자) : 선 가운데서 밖으로 나타난 것.

【對譯】

  악한 일일수록 그늘에 숨어 있기를 싫어하고, 선한 일일수록 표면에 나타나기를 싫어한다. 그러므로 악이 나타난 자는 재앙이 얕지만 숨어 있는 자는 재앙이 깊고, 선이 나타난 자는 공이 적지만 숨어 있는 자는 공이 크다.

  즉, 스스로가 범한 과실은 백일하에 명명백백히 드러내고, 공로는 속으로 감추라는 뜻이다.

84

덕 자　　재 지 주　　재 자　　덕 지 노
德者는 才之主요 才者는 德之奴니

유 재 무 덕　　여 가 무 주 이 노 용 사 의
有才無德은 如家無主而奴用事矣라.

기 하 불 망 량 이 창 광
幾何不魍魎而猖狂이리요?

【註釋】

• 才之主(재지주) : 재능을 부리는 주인.
• 德之奴(덕지노) : 덕의 부림을 받는 종.
• 魍魎(망량) : 도깨비.
• 猖狂(창광) : 함부로 날뜀.

【對譯】

덕은 재주의 주인이요, 재주는 덕의 종이다. 재주는 있어도 덕이 없으면, 집에 주인이 없고 종이 살림을 사는 것과 같으니, 어찌 도깨비가 놀아나지 않겠는가.

즉, 덕없는 사람이 재능만 믿고 경솔히 처세한다면 그 집은 곧 망하게 될 것이다.

85

당 여 인 동 과　부 당 여 인 동 공
當與人同過나 不當與人同功이니

동 공 즉 상 기　가 여 인 공 환 난
同功則相忌하고 可與人共患難이나

불 가 여 인 공 안 락　안 락 즉 상 구
不可與人共安樂이니 安樂則相仇니라.

【註釋】

· **與人同過**(여인동과) : 남과 더불어 허물을 함께 뒤집어씀.

· **共患難**(공환난) : 근심과 어려움을 함께 함.

· **相仇**(상구) : 서로 원수가 됨.

【對譯】

　마땅히 남과 함께 허물은 같이할지언정 공은 같이하지 말라. 공을 같이하면 서로 시기할 것이기 때문이다. 남과 함께 환난(患難)을 같이할지언정 안락은 같이하지 말라. 안락하면 서로 원수가 되어 충돌하기 때문이다.

86

士君子로 貧不能濟物者는 遇人痴迷處에
(사군자   빈 불 능 제 물 자   우 인 치 미 처)

出一言提醒之하고 遇人急難處에
(출 일 언 제 성 지   우 인 급 난 처)

出一言解救之면 亦是無量功德이라.
(출 일 언 해 구 지   역 시 무 량 공 덕)

【註釋】

- **濟物**(제물) : 남을 구제함.
- **痴迷**(치미) : 어리석고 미혹함.
- **提醒**(제성) : 이끌어 깨우쳐 줌.

【對譯】

　선비가 가난해서 물질로써 사람을 구해 줄 수가 없을지라도 어리석어 방황하는 자를 보거든 한 마디 말로써 이끌어 깨우쳐 주고, 또 남이 곤란한 처지에 빠져 있는 것을 보거든 한 마디 말로써 풀어 구해 준다면 이 또한 무한한 공덕이 될 것이다.

87

기 즉 부　　포 즉 양　　욱 즉 추
饑則付하고 飽則颺하며 燠則趨하고

한 즉 기　　인 정 통 환 야
寒則棄는 人情通患也라.

【註釋】

- 饑則付(기즉부) : 굶주릴 때는 달라붙음.
- 飽則颺(포즉양) : 배가 부르면 언제 그랬냐는 듯이 훌쩍 떠남.
- 燠則趨(욱즉추) : 따뜻하면 달라붙음.
- 寒則棄(한즉기) : 추우면 떠나버림.
- 通患(통환) : 공통된 병통.

【對譯】

　굶주리면 붙고 배부르면 드날리며 따뜻하면 모여들고 추우면 버리니, 이것이 인간의 공통된 병폐로다.

88

一燈螢然에 萬籟無聲은
此吾人初入宴寂時也요, 曉夢初醒에
群動未起는 此吾人初出混沌處也라.
乘此而一念廻光하여 炯然返照하면
始知耳目口鼻는 皆桎梏이요
而情欲嗜好는 悉機械矣리라.

【註釋】

曉	새벽	효
醒	깰	성
混	섞일	혼
嗜	즐길	기

• **螢然**(형연) : 반딧불처럼 깜박이는 모습.

• **萬籟**(만뢰) : 이 세상의 모든 소리.
• **宴寂**(연적) : 편안히 잠들다.
• **炯然**(형연) : 환하게.
• **桎梏**(질곡) : 차꼬와 수갑.

【對譯】

　등불이 반딧불처럼 희미하며 만상이 소리가 없다. 이는 우리가 고요함 속에서 편히 쉴 때이다. 새벽 꿈을 갓 깨나매 모든 움직임이 아직 일어나지 않는 것은, 우리가 비로소 혼돈(混沌)에서 벗어날 때이다. 이때를 틈타서 한 생각으로 빛을 돌려 스스로를 비춰보면, 비로소 이목구비(耳目口鼻)는 모두 차꼬와 수갑이요, 정욕 기호는 모두 사람의 본심을 속박하는 기계임을 알게 될 것이다.

89

사업문장 수신소훼 이정신
事業文章은 隨身銷毀하되 而精神은

만고여신 공명부귀 축세전이
萬古如新하고 功名富貴는 逐世轉移하되

이기절 천재일일 군자
而氣節은 千載一日하니 君子는

신부당이피역차야
信不當以彼易此也라.

【註釋】

· 銷毀(소훼) : 녹아서 없어짐.
· 氣節(기절) : 기재와 절조.
· 千載一日(천재일일) : 천년이 하루 같다.
· 以彼易此(이피역차) : 저것으로써 이것을 바꾸다. 저것은 사업
　　· 부귀, 이것은 정신과 기절.

【對譯】

　사업과 문장은 몸을 따라 사라지지만 정신은 만고에 새롭다.
공명과 부귀는 세상과 함께 바뀌어지지만 기절(氣節)은 천년이
하루 같다. 군자는 진실로 저것으로써 이것을 바꾸지 말 일이다.

90

작인　　무점진간염두　　　변성개화자
作人에 無點眞懇念頭면 便成個花子니

사사개허　　　섭세　　무단원활기취
事事皆虛하고, 涉世에 無段圓活機趣면

변시개목인　　　처처유애
便是個木人이니 處處有碍라.

【註釋】

· 花子(화자) : 거지.
· 涉世(섭세) : 세상을 살아감.
· 機趣(기취) : 활동.
· 木人(목인) : 나무로 만든 인형. 장승.

【對譯】

　사람됨에 한 점의 진실한 생각이 없으면, 이는 곧 한 개의 인형이니 일마다 다 헛될 것이다. 세상을 건넘에 한 조각의 원활한 맛이 없으면, 이는 곧 한 개의 장승이니 가는 곳마다 장애가 있으리라.

91

水不波則自定하고 鑑不翳則自明이라. 故로
心無可淸이니 去其混之者而淸自現하고
樂不必尋이니 去其苦之者而樂自存이라.

【註釋】

- **不翳**(불예) : 가리우지 않는다.
- **心無可淸**(심무가청) : 마음은 억지로 맑게 하려고 애쓸 필요가 없다.
- **樂不必尋**(낙불필심) : 즐거움은 굳이 구할 필요가 없다.

【對譯】

　물은 물결만 일지 않으면 저절로 고요하고, 거울은 흐리지 않으면 스스로 밝다. 마음도 이와 같은지라 그 흐린 것을 버리면 맑음이 저절로 나타날 것이요, 즐거움도 굳이 찾으려 할 것 없이, 그 괴로움을 버리면 즐거움이 절로 있으리라.

92

사유급지불백자　관지혹자명
事有急之不白者로되 寬之或自明하니

무조급이속기분　인유조지부종자
毋躁急以速其忿하고, 人有操之不從者로되

종지혹자화　무조절이익기완
縱之或自化하니 毋操切以益其頑하리.

【註釋】

- 不白(불백) : 밝혀지지 않음.
- 躁急(조급) : 성급하게 구는 것.
- 操切(조절) : 심하게 부리는 것.

【對譯】

　일이란 너무 급하게 함으로써 명백하지 않은 것도 있지만, 너그럽게 하면 절로 밝아지는 수도 있으니, 조급하게 함으로써 남의 노여움을 빨리 사지 말 것이다. 사람을 부림에 잘 복종하지 않는 자 있으되, 놓아 두면 혹 절로 따르는 수도 있으니, 너무 지나치게 부림으로써 그 완고함을 더하게 해서는 안 된다.

93

절 의　　오 청 운　　문 장　　고 백 설
節義가 **傲靑雲**하고 **文章**이 **高白雪**이라도

약 불 이 덕 성　　도 용 지
若不以德性으로 **陶鎔之**하면

종 위 혈 기 지 사　　기 능 지 말
終爲血氣之私와 **技能之末**이라.

【註釋】

• **節義**(절의) : 절개와 의리.
• **傲靑雲**(오청운) : 높은 벼슬에 있는 사람을 얕잡아 보다.
• **白雪**(백설) : 훌륭한 가곡(歌曲)의 이름.
• **陶鎔**(도용) : 도야(陶冶). 수양함.

【對譯】

절의는 청운을 깔보고, 문장이 백설보다 높더라도 만약 그것이 덕성으로써 도야된 것이 아니면, 이는 마침내 혈기의 사행이요, 기예의 말이 되고 만다.

즉, 높은 벼슬과 고상한 문장도 결국 덕성으로 단련된 것이어야만 비로소 그 진가를 발휘할 수 있는 것이다.

94

^{사 사} ^{당 사 어 정 성 지 시}
謝事는 **當謝於正盛之時**하고

^{거 신} ^{의 거 어 독 후 지 지}
居身은 **宜居於獨後之地**라.

【註釋】

- **謝事**(사사) : 사양해야 할 일.
- **正盛之時**(정성지시) : 전성의 시기.
- **獨後之地**(독후지지) : 뒤떨어진 자리.

【對譯】

일을 사양하고 물러서려거든 모름지기 그 전성의 시기에 할 것이요, 몸을 두려거든 마땅히 홀로 뒤떨어진 자리를 잡아라.

95

근덕은 須謹於至微之事하고
施恩은 務施於不報之人하라.

【註釋】

• 謹德(근덕) : 덕을 삼감.
• 至微之事(지미지사) : 지극히 작은 일.
• 不報之人(불보지인) : 갚지 못할 사람.

【對譯】

덕을 삼가려거든 모름지기 작은 일을 삼갈 것이요, 은혜를 베풀려거든 갚지 않을 사람에게 힘써 베풀도록 하라.

즉, 은혜를 베푸는데 다음날 받을 것을 염두에 둔다면, 그것은 이익을 바라는 상행위와 다를 것이 없기 때문인 것이다.

96

> 덕 자　사 업 지 기
> 德者는 事業之基니
>
> 미 유 기 불 고 이 동 우 견 구 자
> 未有基不固而棟宇堅久者니라.

【註釋】

- 未有(미유) : 있지 않다.
- 棟宇(동우) : 집.
- 堅久(견구) : 오래 견디다.

【對譯】

　덕은 사업의 기초가 되는 것이니, 그 기초가 단단하지 않고서는 그 집이 오래갈 수가 없다.

97

前人이 云하되 '抛却自家無盡藏하고
沿門持鉢效貧兒라'하고, 又云하되
'暴富貧兒休說夢하라!
誰家竈裡火無烟고?'하니 一箴自昧所有요
一箴自誇所有라 可爲學問切戒니라.

【註釋】

藏　감출　　장
鉢　바리때　발
暴　사나울　폭
裡　속　　　리

· 抛却(포각) : 버리다. 포기.
· 沿門(연문) : 남의 문 앞을 찾다.
· 效貧兒(효빈아) : 가난한 거지 아이를 본받다.

• 說夢(설몽) : 꿈속의 이야기.

【對譯】

옛 사람이 말하기를, '제 집의 무진장은 버려두고 남의 문 앞에 밥그릇을 들고 거지 흉내 낸다'라 하고, 또 말하기를 '갑자기 부자가 된 가난뱅이 꿈 이야기하는 것을 그만둬라. 그 어느 누구의 집 부엌인들 불 때면 연기 안 나겠는가'라고 했다. 하나는 스스로의 소유의 눈이 어두움을 경계함이요, 하나는 스스로의 소유를 자랑함을 깨우침이니, 가히 학문의 계명(戒名)으로 삼아야 할 것이다.

98

심 자　후 예 지 근
心者는 後裔之根이니

미 유 근 불 식 이 지 엽 영 무 자
未有根不植而枝葉榮茂者니라.

【註釋】

· 後裔(후예) : 자손.
· 裔(예) : 후손.
· 枝葉(지엽) : 가지와 잎. 자손.

【對譯】

　마음은 자손의 뿌리이다. 뿌리를 심지 않고 가지와 잎이 무성할 까닭이 없다.

99

信人者는 人未必盡誠이라도 己則獨誠矣요,

疑人者는 人未必皆詐라도 己則先詐矣라.

【註釋】

- 未必(미필) : 반드시 ～하지 않는다.
- 獨誠(독성) : 홀로 성실함.

【對譯】

　사람을 믿는다는 것은 사람이 반드시 모두 성실하지 못할지라도 저만은 홀로 성실하기 때문이요, 사람을 의심한다는 것은 사람이 반드시 모두 속이는 것이 아닐지라도 먼저 속이기 때문이다.

100

> 念頭寬厚的은 如春風煦育하여
> 萬物이 遭之而生하고, 念頭忌刻的은
> 如朔雪陰凝하여 萬物이 遭之而死니라.

【註釋】

- 煦育(후육) : 따뜻하게 품어서 기름.
- 忌刻(기각) : 꺼려하고 각박함.
- 朔雪(삭설) : 북쪽의 눈.
- 陰凝(음응) : 음산하게 엉기는 것.

【對譯】

　생각이 너그럽고 두터운 사람은 봄바람이 만물을 따뜻하게 기르는 것과 같으니, 모든 것이 이를 만나면 살아난다. 생각이 모질고 각박한 사람은 찬 바람, 차가운 눈이 얼게 하는 것과 같이 만물이 이를 만나면 곧 죽게 된다.

101

> 우 고 구 지 교　　　　의 기 요 유 신
> 遇故舊之交어든 意氣要愈新하고
>
> 처 은 미 지 사　　　　심 적 의 유 현
> 處隱微之事어든 心迹宜愈顯하며
>
> 대 쇠 후 지 인　　　　은 례 당 유 륭
> 待衰朽之人이어든 恩禮當愈隆하라.

【註釋】

• 隱微之事(은미지사) : 비밀스러운 일.
• 心迹(심적) : 마음의 형적.
• 恩禮(은례) : 은혜와 예우.
• 隆(융) : 융성함.

【對譯】

　옛 친구를 만나거든 마땅히 의기를 새롭게 하라. 비밀한 일
에 처하거든 마음을 더욱 나타나게 하라. 노쇠한 사람을 대함
에는 마땅히 은례(恩禮)를 더욱 융숭히 하라.

102

> 빙 의 홍 작 위 자　　수 작 즉 수 지
> 馮意興作爲者는 隨作則隨止하니
>
> 기 시 불 퇴 지 륜　　종 정 식 해 오 자
> 豈是不退之輪이며, 從情識解悟者는
>
> 유 오 즉 유 미　　종 비 상 명 지 등
> 有悟則有迷하니 終非常明之燈이라.

【註釋】

隨	따를	수
止	그칠	지
悟	깨달을	오
迷	미혹될	미

• 馮(빙) : 의지하다.

• 意興(의흥) : 즉흥.

• 不退之輪(불퇴지륜) : 불퇴전법륜(不退轉法輪)을 줄인 말. 불교
  에서 나온 문자로 점점 앞으로 나아가야지 물러서서는 안
  된다는 뜻.

• 情識(정식) : 감정에 의한 지식.

• 常明之燈(상명지등) : 항상 꺼리지 않고 밝히는 등불로 영원한
  지식.

【對譯】

　일시적 흥분에 의해 시작하는 일은 시작하자마자 곧 멈추게 된다. 그러니 이를 어찌 물러나지 않는 수레바퀴라 할 수 있겠는가. 감정과 재치로 깨달은 것은 깨닫자마자 곧 미혹하는 것이니, 마침내 항상 밝은 불빛이 못 된다.

103

능 탈 속　　변 시 기　　작 의 상 기 자
能脫俗이 便是奇니 作意尚奇者는

불 위 기 이 위 이　　　불 합 오　　변 시 청
不爲奇而爲異하고, 不合汚면 便是淸이니

절 속 구 청 자　　불 위 청 이 위 격
絕俗求淸者는 不爲淸而爲激이라.

【註釋】

• **尚奇**(상기) : 기이함을 숭상함.
• **合汚**(합오) : 더러움이 섞임.
• **絕俗**(절속) : 속세와 인연을 끊음.

【對譯】

　능히 범속(凡俗)을 벗어나면 그것이 바로 기인인 것이지, 일부러 뜻을 지어 신기로움을 숭상하는 자는 기인이 되지 못하고, 괴이(怪異)한 사람이 되는 것이다. 더러운 세간(世間)과 섞이지 않으면 그것이 바로 청백한 것이지, 굳이 속됨을 끊고 맑음을 찾는 이는 맑음이 되지 못하고, 과격(過激)이 되는 것이다.

　즉, 굳이 세상과 인연을 끊고 청렴결백만을 구하는 것은 사실상 청백이 되지 못하고 과격한 사람이 되고 만다는 것이다.

104

> 은의자담이농　　　　선농후담자
> 恩宜自淡而濃이니 先濃後淡者는
>
> 인망기혜　　　　　위의자엄이관
> 人忘其惠하고, 威宜自嚴而寬이니
>
> 선관후엄자　　　인원기혹
> 先寬後嚴者는 人怨其酷이니라.

【註釋】

- **自淡而濃**(자담이농) : 담담하게 하다가 차츰 짙게 함.
- **自嚴而寬**(자엄이관) : 엄하게 하다가 차츰 관대하게 함.

【對譯】

　은혜는 마땅히 옅음에서부터 짙음으로 나아가야 할 것이니, 먼저 짙고 뒤에 옅으면 사람이 그 은혜를 잊어버린다. 위엄은 마땅히 엄격함에서부터 관대함으로 나아가야 할 것이니, 먼저 너그럽고 뒤에 엄격하면 사람이 혹독함을 원망할 것이다.

105

^{심 허 즉 성 현} ^{불 식 심 이 구 견 성}
心虛則性現하나니 不息心而求見性은

^{여 발 파 멱 월} ^{의 정 즉 심 청}
如撥波覓月이요, 意淨則心淸하나니

^{불 료 의 이 구 명 심} ^{여 색 경 증 진}
不了意而求明心은 如索鏡增塵이라.

【註釋】

· 撥波(발파) : 물을 헤쳐 파도를 일으킴.
· 了意(요의) : 밝히다.
· 索鏡(색경) : 거울을 찾다. 거울을 보다.

【對譯】

마음이 비면 본성이 나타나나니, 마음을 쉬지 않고 본성 보기를 구하는 것은, 물결을 헤치면서 달을 찾는 것과 같다. 마음이 깨끗하면 마음이 맑아진다. 뜻을 밝게 하지 않고 마음 밝기를 구하는 것은, 거울을 찾기 위해 티끌만 더하는 것과 같다.

106

위서상류반　연아부점등
‘爲鼠常留飯하고 憐蛾不點燈이라’하니

고인차등념두　시오인일점생생지기
古人此等念頭는 是吾人一點生生之機라.

무차　변소위토목형해이이
無此면 便所謂土木形骸而已니라.

【註釋】

· 生生之機(생생지기) : 사물이 끊임없이 생기는 기틀.
· 形骸(형해) : 형체.
· 骸(해) : 뼈.

【對譯】

　‘쥐를 위하여 항상 밥을 남겨두고 부나비를 불쌍타 하여 불을 켜지 않는다’ 하였으니 옛 사람의 이러한 생각은 곧 우리 인생이 발전하는 한 점의 기틀이다. 이것이 없다면 인생은 이른바 토목의 거죽탈밖에 더 되겠는가.

107

무 사 시　심 이 혼 명
無事時엔 心易昏冥하니

의 적 적 이 조 이 성 성　유 사 시
宜寂寂而照以惺惺하고, 有事時엔

심 이 분 일　의 성 성 이 주 이 적 적
心易奔逸하니 宜惺惺而主以寂寂이라.

【註釋】

· 昏冥(혼명) : 어둡고 캄캄함.
· 惺惺(성성) : 마음이 밝음.
· 奔逸(분일) : 달아나 흩어짐.

【對譯】

　일이 없을 때는 마음이 어둡기 쉬우니, 마땅히 고요한 가운데 밝음으로써 비춰라. 일이 많을 때에는 마음이 흩어지기 쉬우니, 마땅히 밝은 가운데 고요함으로써 주장삼으라.

108

의 사 자　　신 재 사 외　　　　의 실 리 해 지 정
議事者는 身在事外하여 宜悉利害之情하고,

임 사 자　　신 거 사 중　　　　당 망 리 해 지 려
任事者는 身居事中하여 當忘利害之慮니라.

【註釋】

· 身在事外(신재사외) : 자신이 객관적 입장에 있으면서.
· 身居事中(신거사중) : 자신이 그 일 안에 파묻혀 있으면서.

【對譯】

　일을 의논하는 자는 몸을 일 밖에 두어, 마땅히 이해의 실정을 다 살필 것이며, 일을 맡은 자는 몸이 일 안에 있어, 마땅히 이해에 대한 생각을 잊어야 한다.

109

표 절 의 자　　　필 이 절 의 수 방
標節義者는 必以節義受謗하고

방 도 학 자　　　상 인 도 학 초 우
榜道學者는 常因道學招尤라.

고　　군 자　　　불 근 악 사　　　　역 불 립 선 명
故로 君子는 不近惡事하고 亦不立善名하니

지 혼 연 화 기　　　재 시 거 신 지 진
只渾然和氣가 纔是居身之珍이니라.

【註釋】

標	높이 표할	표
榜	패	방
近	가까울	근

• 受謗(수방) : 비방을 받다.

• 招尤(초우) : 허물을 부르다.

• 善明(선명) : 좋은 이름.

• 渾然(혼연) : 모나지 않고 원만함.

• 居身之珍(거신지진) : 처신하는 보배.

• 尤(우) : 허물.

【對譯】

　절의를 내세우는 자는 반드시 절의로 인하여 비방을 받게 되고, 도학을 내세우는 자는 항상 도학으로 인해 허물을 부르게 된다. 그러므로 군자는 나쁜 일에 가까이하지 말며, 또한 좋은 이름도 세워서는 안 된다. 그저 혼연한 부드러운 기운만이 몸을 보전하는 보배가 될 것이다.

110

> 遇欺詐的人이어든 以誠心感動之하고,
>
> 遇暴戾的人이어든 以和氣薰蒸之하며,
>
> 遇傾邪私曲的人이어든
>
> 以名義氣節激礪之하면,
>
> 天下에 無不入我陶冶中矣니라.

【註釋】

誠	정성		성
感	느낄		감
激	분발할		격
礪	갈		려

• 暴戾(폭려) : 사나움.

• 薰蒸(훈증) : 김을 쏘이는 것. 薰陶(훈도)

• 傾邪私曲(경사사곡) : 사특함과 사욕.

• 陶冶(도야) : 가르치고 감화시킴.

【對譯】

　　속임수 부리는 사람을 만나거든 성심으로써 감동시키고, 포악한 사람을 만나거든 화기(和氣)로써 감화시키며, 사악하고 사리를 탐하는 사람을 만나거든 대의명분과 높은 기개와 절조로써 격려하면 천하가 모두 나의 감화를 받게 될 것이다.

111

士君子가 處權門要路면 操履要嚴明하고
心氣要和易하여, 毋少隨而近腥羶之黨하고
亦毋過激而犯蜂蠆之毒하리.

【註釋】

- **操履**(조리) : 지조와 행실.
- **腥羶之黨**(성전지당) : 비린내와 노린내 나는 무리. 즉, 사리사욕에 눈이 어두운 자.
- **蜂蠆之毒**(봉채지독) : 벌과 전갈의 독. 악독한 무리.

【對譯】

선비가 권세 있는 요직에 있을 땐 몸가짐을 엄정 명백히 하고, 마음은 항상 부드럽고 평이해야 한다. 조금이라도 부정한 무리들 따라 가까이하지 말 것이며, 또한 너무 격렬하여 독침 가진 자를 건드려서도 안 된다.

112

음모괴습　　이행기능
陰謀怪習과 異行奇能은

구시섭세적화태　　지일개용덕용행
俱是涉世的禍胎니 只一個庸德庸行이

변가이완혼돈이소화평
便可以完混沌而召和平이라.

【註釋】

• 涉世(섭세) : 세상을 살아감.
• 庸德庸行(용덕용행) : 평범한 덕행.
• 混沌(혼돈) : 본성(本性).

【對譯】

　음모와 괴상한 습속, 이상한 행동과 기괴한 재조(才操)는 이 모두가 세상을 건너는데 재앙의 씨가 된다. 다만 하나의 평범한 덕행만이 가히 혼돈(混沌)을 완전히 하며, 화평을 부르게 될 것이다.

113

誇逞功業과 炫燿文章은

皆是靠外物做人이니 不知心體瑩然하여

本來不失이면 卽無寸功隻字라도

亦自有堂堂正正做人處라.

【註釋】

· 誇逞(과령) : 자랑, 과시함.
· 炫燿(현요) : 밝게 빛나다. 자랑하다.
· 做人(주인) : 사람됨됨.
· 瑩然(영연) : 밝다.
· 隻字(척자) : 한 자의 글.

【對譯】

공업을 뽐내고 문장을 자랑하는 것은 이 모두 외물에 기대어서 이루어진 사람이다. 마음 바탕이 밝아 그 근본을 잃지 않으면, 비록 작은 공과 글자 한 자를 모른다 하더라도 절로 정정당당한 사람인 것이다.

114

불매기심 부진인정 불갈물력
不昧己心하고 **不盡人情**하며 **不竭物力**하라.

삼자가이위천지립심
三者可以爲天地立心하고

위생민입명 위자손조복
爲生民立命하며 **爲子孫造福**이라.

【註釋】

- **不昧**(불매) : 어둡게 하지 않다.
- **生民**(생민) : 백성.
- **立命**(입명) : 살길을 세워 줌.

【對譯】

자기의 마음을 어둡게 하지 말며, 남에게 심한 고통을 주지 말며, 물질의 힘을 있는 대로 다 쓰지 말라. 이 세 가지는 가히 천지를 위해 마음을 세우며, 생민을 위해 목숨을 세우며, 자손을 위해 복을 짓는 것이 된다.

115

居官^{거관}에 有二語^{유이어}하니 曰,^왈 '惟公則生明^{유공즉생명}하고
惟廉則生威^{유렴즉생위}요', 居家^{거가}에 有二語^{유이어}하니
曰,^왈 '惟恕則情平^{유서즉정평}하고 惟儉則用足^{유검즉용족}이라.'

【註釋】

• 居官(거관) : 벼슬살이를 함.
• 生明(생명) : 밝은 지혜가 생기다.
• 情平(정평) : 마음이 평안하다.
• 用足(용족) : 쓰임이 넉넉함.

【對譯】

관직에 있는 사람을 위해서 두 마디 말이 있으니, 가로되 '오직 공정하면 밝은 지혜가 생기고, 오직 청렴하면 위엄이 생긴다' 함이요, 집에 있는 사람을 위해서 두 마디 말이 있으니, 가로되 '오직 너그러우면 불평이 없고, 오직 검소하면 모자람이 없다' 함이 그것이다.

116

처부귀지지 요지빈천적통양
處富貴之地엔 **要知貧賤的痛癢**하고,

당소장지시 수념쇠로적신산
當小壯之時엔 **須念衰老的辛酸**하라.

【註釋】

- **痛癢**(통양) : 고통.
- **辛酸**(신산) : 어려움. 괴로움.

【對譯】

  부귀한 자리에 있을 때는 마땅히 가난하고 천한 사람의 쓰라림을 알아야 하고, 혈기 왕성한 젊은 때를 당해서는 모름지기 노쇠의 괴로움을 생각해야 한다.

117

지신 불가태교결 일체오욕구예
持身엔 不可太皎潔이니 一切汚辱垢穢를

요여납득 여인 불가태분명
要茹納得이요, 與人에 不可太分明이니

일체선악현우 요포용득
一切善惡賢愚를 要包容得이라.

【註釋】

• 皎潔(교결) : 희고 깨끗함.
• 垢穢(구예) : 때묻고 더러움.
• 茹納(여납) : 받아들임.
• 與人(여인) : 남과 사귐.

【對譯】

　몸가짐은 지나치게 깨끗하게 하지 말 것이니, 때묻고 더러운 것도 용납할 줄 알아야 한다. 사람과의 교제는 지나치게 분명하게 하지 말 것이니, 선악과 현우를 함께 포용해야 한다.

118

縱欲之病은 可醫나 而執理之病은 難醫요

事物之障은 可除나 而義理之障은 難除라.

【註釋】

* **執理之病**(집리지병) : 이치를 고집하는 병.
* **義理之障**(의리지장) : 의리로 둘러쳐진 장애.

【對譯】

함부로 욕심을 부리는 병을 고칠 수 있으나 이치를 집착하는 병은 고칠 수가 없으며, 사물에 의한 장애는 제거할 수가 있으나 의리에 얽매인 장해는 없애기가 어렵다.

119

마려 당여백련지금 급취자
磨礪는 當如百鍊之金이니 急就者는

비수양 시위 의사천균지노
非邃養이요, 施爲는 宜似千鈞之弩니

경발자 무굉공
輕發者는 無宏功이라.

【註釋】

· 磨礪(마려) : 갈고 다듬음.
· 千鈞(천균) : 1균(鈞)은 30근이니 3천 근.
· 宏功(굉공) : 큰 공.

【對譯】

수양은 마땅히 백 번 달군 쇠처럼 해야 한다. 손쉽게 이룬 것은 깊은 수양이 아니다. 실행은 마땅히 천균의 쇠뇌와 같이 해야 한다. 가벼이 쏘는 자는 큰 공이 아니다.

120

寧爲小人所忌毀이언정 毋爲小人所媚悦하고,
寧爲君子所責修이언정 毋爲君子所包容하라.

【註釋】

- 忌毀(기훼) : 꺼리고 헐뜯다.
- 媚悦(미열) : 아첨하고 기뻐하다.
- 責修(책수) : 꾸짖어 바로잡음.
- 包容(포용) : 감싸줌.

【對譯】

차라리 소인의 미워하고 욕하는 바가 될지언정, 소인의 아양 떨고 칭찬하는 바가 되어서는 안 된다. 차라리 군자의 꾸짖고 깨우치는 바가 될지언정, 군자의 포용하는 바가 되어서는 안 된다.

121

> ^{호 리 자} ^{일 출 어 도 의 지 외}
> 好利者는 逸出於道義之外하여
>
> ^{기 해 현 이 천} ^{호 명 자}
> 其害顯而淺이나, 好名者는
>
> ^{찬 입 어 도 의 지 중} ^{기 해 은 이 심}
> 竄入於道義之中하여 其害隱而深이라.

【註釋】

· 逸出(일출) : 벗어나다.
· 竄入(찬입) : 도망하여 들어가다.

【對譯】

　이익을 좋아하는 자는 도의의 밖에 벗어나므로 그 해가 나타
나지만 얕고, 영성을 즐기는 자는 도의의 안에 숨어드므로 그
해가 보이진 않지만 깊다.

122

<blockquote>
讒夫毀士는 如寸雲蔽日하여 不久自明이요,

媚子阿人은 似隙風侵肌하여 不覺其損이라.
</blockquote>

【註釋】

· 寸雲蔽日(촌운폐일) : 한 치 되는 구름이 태양을 가리다.
· 隙風侵肌(극풍침기) : 틈 사이로 들어오는 바람이 살갗을 파고
  들다.

【對譯】

　남을 헐뜯는 사람은 조각구름이 햇빛을 가리는 것과 같으니,
오래지 않아 절로 밝아진다. 아양떨고 아첨하는 사람은 틈바람
이 몸에 스며드는 것과 같아서 그 손해됨을 깨닫지 못한다.

123

산 지 고 준 처　　무 목 이 계 곡 회 환
山之高峻處에 **無木而雞谷廻環**

즉 초 목 총 생　　수 지 단 급
則草木叢生하고, **水之湍急**에

무 어 이 연 담 정 축　즉 어 별 취 집
無魚而淵潭停蓄 則魚鼈取集하니,

차 고 절 지 행　　편 급 지 충
此高絶之行과 **褊急之衷**을

군 자　　중 유 계 언
君子는 **重有戒焉**이라.

【註釋】

• **淵潭**(연담) : 연못.
• **高絶之行**(고절지행) : 높고 뛰어난 행실.
• **褊急之衷**(편급지충) : 좁고 성급한 마음.

【對譯】

　산이 높고 험한 곳은 나무가 없지만, 골짜기 감도는 곳에 초목이 우거진다. 물살이 급한 곳엔 고기가 없지만, 못물이 괴면 고기 떼가 모여든다. 이로써 보건대 너무 고상한 행동과 급격한 마음은 군자가 깊이 경계할 바이다.

124

> 처 세　불 의 여 속 동　　역 불 의 여 속 이
> 處世에 不宜與俗同하고 亦不宜與俗異하며,
>
> 작 사　불 의 령 인 염　　역 불 의 령 인 희
> 作事에 不宜令人厭하고 亦不宜令人喜니라.

【註釋】

- **與俗同**(여속동) : 세속과 같이함.
- **與俗異**(여속이) : 세속과 다르게 함.

【對譯】

　세상에 처해서는 마땅히 세속과 같이하지 말 것이며, 또한 세속과 다르게 하지도 말아야 한다. 일을 함에 있어서 마땅히 사람으로 하여금 싫어하게 말 것이며, 또한 사람으로 하여금 기쁘게 하지도 말아야 한다.

　즉, 무슨 일에서든 과하지도 않고 부족하지도 않는 중용의 길을 택해야 한다.

195

日^일旣^기暮^모而^이猶^유烟^연霞^하絢^현爛^란하고

歲^세將^장晚^만而^이更^갱橙^등橘^귤芳^방馨^형이라. 故^고로 末^말路^로晚^만年^년을

君^군子^자는 更^갱宜^의精^정神^신百^백倍^배하니라.

【註釋】

· 煙霞(연하) : 연기와 노을.

· 絢爛(현란) : 눈부시게 아름다움.

· 橙橘(등귤) : 귤.

· 芳馨(방형) : 향기.

【對譯】

하루의 해가 이미 저물었으며 노을은 오히려 아름답고, 한 해가 장차 저물려 해도 귤 향기는 더욱 꽃답다. 그러므로 인생의 말로인 만년은 군자가 마땅히 정신을 백배할 때이다.

126

응 립 여 수　　호 행 사 병
鷹立如睡하고 虎行似病하니

정 시 타 확 인 서 지 수 단 처
正是他攫人噬之手段處라.

고　군 자　요 총 명 불 로　　재 화 부 령
故로 君子는 要聰明不露하고 才華不逞하니

재 유 견 홍 임 거 적 력 량
纔有肩鴻任鉅的力量이라.

【註釋】

• 鴻任(홍임) : 큰 임무.
• 鉅的力量(거적력량) : 큰 역량.

【對譯】

　매는 서 있는 것이 조는 것 같고 범의 걸음은 병든 것 같으니, 바로 이것이 사람을 움켜잡고 사람을 무는 수단이다. 그러므로 군자는 총명을 나타내지 말며 재주가 빛남을 뚜렷이 드러내지 말아야 한다. 이것이 큰 일을 두 어깨에 멜 역량이 된다.

127

무우불의　　　　　　무희쾌심
毋憂拂意하고 **毋喜快心**하며

무시구안　　　　　　무탄초난
毋恃久安하고 **毋憚初難**하라.

【註釋】

· **拂意**(불의) : 뜻대로 되지 않음.
· **久安**(구안) : 오래도록 편안함.

【對譯】

　뜻대로 안 되는 일을 근심하지 말며, 마음에 쾌한 일을 기뻐하지 말라. 오랫동안 무사함을 잊지 말며, 처음 당하는 어려움을 꺼리지 말라.

　즉, 처음 난관에 주저앉는다면 무슨 일을 도모하겠는가.

128

음 연 지 락 다　불 시 개 호 인 가
飮宴之樂多는 不是個好人家요,

성 화 지 습 승　불 시 개 호 사 자
聲華之習勝은 不是個好士子며,

명 위 지 념 중　불 시 개 호 신 사
名位之念重은 不是個好臣士라.

【註釋】

• **飮宴之樂**(음연지락) : 연희의 즐거움.
• **聲華之習**(성화지습) : 화려한 명성을 좋아하는 습관.

【對譯】

잔치의 즐거움이 많다 해서 좋은 집이 아니요, 명성과 화려한 것을 즐긴다 해서 훌륭한 선비가 아니며, 높은 명예와 지위를 중하게 여긴다 해서 훌륭한 신하가 아니다.

즉, 높은 지위, 빛나는 이름을 탐하는 사람이 어찌 좋은 신하이겠는가를 강조한 것이다.

129

世人은 以心肯處爲樂이라
却被樂心引在苦處하고, 達士는
以心拂處爲樂이라 終爲若心換得樂來라.

【註釋】

- 心肯處爲樂(심긍처위락) : 마음에 맞는 것을 즐거움으로 삼음.
- 心拂處爲樂(심불처위락) : 마음에 거스르는 바를 즐거움으로 삼음.

【對譯】

　세상 사람은 마음에 맞는 것으로 즐거움을 삼기 때문에 도리어 즐거운 마음에 끌려 괴로운 곳에 있고, 도에 통달한 선비는 마음과 어긋나는 것으로 즐거움을 삼기 때문에 마침내 괴로운 마음을 즐거움으로 바꾸어 온다.

130

> ^{거 영 만 자} ^{여 수 지 장 일 미 일}
> 居盈滿者는 如水之將溢未溢하여
>
> ^{절 기 재 가 일 적} ^{처 위 급 자}
> 切忌再加一滴이요, 處危急者는
>
> ^{여 목 지 장 절 미 절} ^{절 기 재 가 일 닉}
> 如木之將折未折하여 切忌再加一搦이라.

【註釋】

· 將溢未溢(장일미일) : 곧 넘칠 것 같지만 아직 넘치지는 않은
  상태.

· 將折未折(장절미절) : 곧 꺾일 것 같지만 아직 꺾이지는 않은
  상태.

· 搦(닉) : 건드리다.

【對譯】

　가득 찬 곳에 있는 자는, 물이 장차 넘으려 하면서 아직 넘
치지 않음과 같아 한 방울 물이라도 더하는 것을 꺼린다. 위태
한 곳에 있는 자는, 나무가 장차 꺾이려 하면서 아직 꺾이지
않음과 같아 조금이라도 더 눌리는 것을 아주 싫어한다.

131

> 인인　심지관서　　변복후이경장
> 仁人은 心地寬舒하니 便福厚而慶長하여
>
> 사사성개관서기상　　비부
> 事事成個寬舒氣象하고, 鄙夫는
>
> 염두박촉　　변록박이택단
> 念頭迫促하니 便祿薄而澤短하여
>
> 사사득개박촉규모
> 事事得個迫促規模니라.

【註釋】

• 寬舒(관서) : 너그럽고 느슨함.

• 鄙夫(비부) : 비루한 사람.

• 迫促(박촉) : 성급함, 촉박.

【對譯】

　어진 사람은 마음 바탕이 너그럽고 편안해서, 복이 두텁고 경사도 오래가 일마다 너그럽고 기상이 필 것이요, 마음이 천한 사람은 생각이 좁고 각박해서, 녹(祿)이 박하고 은택이 짧아 일마다 규모가 좁다.

132

^문^악 ^불^가^취^오 ^공^위^참^부^설^노
聞惡이라도 不可就惡니 恐爲讒夫洩怒요,

^문^선 ^불^가^급^친 ^공^인^간^인^진^신
聞善이라도 不可急親이니 恐引奸人進身이라.

【註釋】

• 讒夫(참부) : 참조하는 사람.
• 洩怒(설노) : 분풀이를 하다.
• 進身(진신) : 출세.

【對譯】

  악한 일을 듣더라도 곧 미워하지 말 것이니, 고자질하는 자가 저의 분을 풀까 두렵기 때문이다. 선한 일을 듣더라도 급히 친하지 말 것이니, 간악한 자의 출세를 이끌어 줄까 두렵기 때문이다.

133

<blockquote>
성조심조자　일사무성
性燥心粗者는 一事無成이요,

심화기평자　백복자집
心和氣平者는 百福自集이니라.
</blockquote>

【註釋】

- **性燥心粗**(성조심조) : 성질이 급하고 마음이 거칠음.
- **心和氣平**(심화기평) : 심기가 화평함.

【對譯】

　성질이 조급하고 마음이 거친 자는 한 가지 일도 이룰 수 없지만 마음이 화평하고 기상이 평순한 사람은 백 가지 복이 절로 모이게 된다.

134

用人엔 不宜刻이니 刻則思效者去하고,
交友엔 不宜濫이니 濫則貢諛者來하니라.

【註釋】

• 思效者(사효자) : 일에 열심하여 효과를 올리려는 사람.
• 貢諛者(공유자) : 아첨을 바치는 사람.
• 諛(유) : 아첨함.

【對譯】

　사람을 씀에는 마땅히 각박하지 말아야 할 것이니, 각박하면 실효를 생각하던 자가 떠나게 될 것이다. 벗을 사귐에는 마땅히 넘치지 말아야 할 것이니, 넘치면 아첨을 바치는 자가 오게 될 것이다.

135

절의지인　제이화충
節義之人은 **濟以和衷**이라야

재불계분쟁지로　　공명지사
纔不啓忿爭之路하고, **功名之士**는

승이겸덕　　방불개질투지문
承以謙德이라야 **方不開嫉妬之門**이니라.

【註釋】

• **濟以和衷**(제이화충) : 화평한 마음을 함께 가짐.
• **忿爭**(분쟁) : 성내어 다툼.
• **謙德**(겸덕) : 겸손한 덕.

【對譯】

　절의가 높은 사람은 화평한 마음으로써 처세하면 다투는 길을 열지 않을 것이요, 공명 있는 선비는 겸손한 덕으로써 사람을 대하면 질투의 문을 열지 않을 것이다.

　즉, 항상 겸양의 덕을 발휘함으로써 질투를 예방해야 한다는 것이다.

136

士大夫居官에 不可竿牘無節이니

要使人難見하여 以杜倖端이요,

居鄕不可崖岸太高니 要使人易見하여

以敦舊好니라.

【註釋】

· 竿牘(간독) : 편지. 竿 = 簡(간)
· 倖端(행단) : 요행을 바라는 단서.
· 崖岸(애안) : 절벽과 언덕. 위엄.

【對譯】

사대부가 관직에 있을 때는 편지 하나라도 절도가 있도록 해야 한다. 그렇게 함으로써 요행을 바라고 모여드는 무리들을 막을 수 있다. 물러나 시골에 살 때는 지나치게 높게 굴지 말아야 한다. 그렇게 함으로써 스스로의 마음을 헤쳐 옛날의 정을 두텁게 유지할 수 있다.

137

대인 불가불외 외대인
大人은 不可不畏니 畏大人이면

즉무방일지심 소인 역불가외
則無放逸之心하고 小人도 亦不可畏니

외소인 즉무호횡지명
畏小人이면 則無豪橫之名이니라.

【註釋】

· 不可不(불가불) : ~하지 않을 수 없다.
· 放逸之心(방일지심) : 방종한 마음.
· 豪橫之名(호횡지명) : 횡포하다는 이름.

【對譯】

　대인을 가히 두려워할 것이니, 대인을 두려워하면 방종한 마음이 없어질 것이요, 백성도 또한 두려워할 것이니, 백성을 두려워하면 횡포하다는 이름을 듣지 않게 될 것이다.

138

사 초 불 역　　　변 사 불 여 아 적 인
事稍拂逆에 **便思不如我的人**이면

즉 원 우 자 소　　　심 초 태 황
則怨尤自消하고, **心稍怠荒**에

변 사 승 사 아 적 인　　　즉 정 신 자 분
便思勝似我的人하면 **則精神自奮**이라.

【註釋】

• **拂逆**(불역) : 거스르는 것.
• **怨尤**(원우) : 원망과 허물.
• **怠荒**(태황) : 게을러짐

【對譯】

일이 뜻대로 되지 않을 때는 나보다 못한 사람을 생각해야 한다. 그러면 원망하고 탓하는 마음이 절로 깨지게 될 것이다. 마음이 게을러지거든 나보다 나은 사람을 생각해야 한다. 그러면 절로 정신이 번뜩 날 것이다.

139

불가승희이경낙 불가인취이생진
不可乘喜而輕諾하고 不可因醉而生嗔하며

불가승쾌이다사 불가인권이선종
不可乘快而多事하고 不可因倦而鮮終이라.

【註釋】

· 乘喜(승희) : 기쁨을 틈타.
· 鮮終(선종) : 끝맺음을 잘못함.

【對譯】

　기쁨에 들려서 일을 가벼이 맡지 말 것이며, 취함으로 인하여 화를 내지 말 것이며, 즐거움에 팔려서 일을 많이 하지 말며, 피곤함을 핑계 삼아 끝맺음을 소홀히 하지 말라.

140

선독서자　요독도수무족도처
善讀書者는 **要讀到手舞足蹈處**라야

방불락전제　　선관물자
方不落筌蹄하고, **善觀物者**는

요관도심융신흡시　방불니적상
要觀到心融神洽時라야 **方不泥迹象**이라.

【註釋】

• **手舞足蹈**(수무족도) : 감흥되어 자신도 모르는 사이에 춤이 추어지는 것.

• **筌蹄**(전제) : 전은 물고기를 잡는 통발, 제는 토끼를 잡는 올무. 문장의 자구(字句)에 얽매이는 것.

• **心融神洽**(심융신흡) : 심신에 융합됨.

• **迹象**(적상) : 사물의 외형.

【對譯】

　독서를 잘하는 사람은 손이 춤추고 발이 뛰노는 경지에까지 도달해야만 바야흐로 고기를 잡으매 소쿠리를 잊고 토끼를 잡으매 덫을 잊게 될 것이다. 사물을 잘 살필 줄 아는 사람은 마음이 풀리고 정신이 부드러워지는 데까지 도달해야 바야흐로 외부에 나타난 현상에 얽매이지 않을 것이다.

141

至人은 何思何慮리요? 愚人은 不識不知라.

可與論學하고 亦可與建功이라.

唯中才的人은 多一番思慮知識하니,

便多一番億度猜疑하여 事事難與下手라.

【註釋】

建	세울	건
唯	오직	유
番	차례	번
慮	생각할	려
難	어려울	난

· 至人(지인) : 도덕과 학문이 지극한 사람.

· 中才的人(중재적인) : 중간의 재주를 가진 사람.

· 億度(억탁) : 억측(臆測).

· 猜疑(시의) : 시기와 의심.

• 下手(하수) : 손을 씀. 착수.

【對譯】

　도에 통달한 사람은 무엇을 생각하고 또 무엇을 근심하겠는가. 어리석은 사람은 처음부터 모를 뿐더러 알려고 하지도 않는 사람인지라. 가히 더불어 학문을 논할 것이요, 또한 더불어 공업(功業)을 세울 것이다. 다만 이 중간치의 재주 있는 사람은 사려와 지식이 많으므로, 억측과 시의(猜疑)도 많은지라 일마다 함께 일하기가 어렵다.

142

責人者_는 原無過於有過之中_{하면}

則情平_{하고,} 責己者_는

求有過於無過之內_{하면} 則德進_{이라.}

【註釋】

- 無過於有過之中(무과어유과지중) : 허물이 있는 가운데서도 허물이 없는 점.
- 情平(정평) : 마음이 평온해짐.

【對譯】

　사람을 꾸짖는 자는 허물 있는 속에 허물 없음을 살피면 정이 평온할 것이요, 자기를 꾸짖는 자는 허물 없는 가운데 허물 있음을 찾으면 덕이 나아갈 것이다.

143

子弟者는 大人之胚胎요, 秀才者는

士夫之胚胎니, 此時에 若火力不到하여

陶鑄不純하면, 他日에 涉世立朝하여

終難成個令器니라.

【註釋】

• 胚胎(배태) : 싹.
• 陶鑄(도주) : 도야시킴.
• 立朝(입조) : 조정에 들어가 벼슬함.
• 令器(영기) : 훌륭한 인물.

【對譯】

어린이는 어른의 싹이요, 수재는 사대부의 알이다. 이때에 만일 화력이 모자라고 단련이 미흡하면 후일 조정에 설 때 마침내 훌륭한 그릇 되기가 어려울 것이다.

144

桃李雖艶이나 何如松蒼柏翠之堅貞하며,

梨杏雖甘이나 何如橙黃橘綠之馨冽이리요?

信乎라 濃夭不及淡久하며

早秀不如晚成也로다.

【註釋】

桃 복숭아　　　도

艶 고울　　　염

杏 살구나무　　행

橘 귤　　　귤

綠 푸를　　　록

• 松蒼柏翠(송창백취) : 소나무와 잣나무의 푸르름.
• 堅貞(견정) : 굳은 절개.
• 馨冽(형렬) : 시원한 향기.
• 濃夭(농요) : 아름답지만 일찍 죽음.

【對譯】

　복숭아꽃, 오얏꽃이 아무리 곱다 한들 어찌 저 푸른 소나무와 잣나무의 굳고 곧음만 하리요. 배와 살구가 아무리 달다 한들 어찌 저 노란 유자와 푸른 귤 향기만 하겠는가. 진실할진저! 너무 고와 빨리 지느니보다는 담박하여 오래가는 것이 좋고, 일찍 빼어나느니보다는 늦게 이루는 것이 바람직하도다.

145

> 談山林之樂者는 未必眞得山林之趣요,
>
> 厭名利之談者는 未必盡忘名利之情이라.

【註釋】

· 山林之樂(산림지락) : 산림에 묻혀 사는 즐거움.
· 名利(명리) : 명예와 이익.

【對譯】

산림의 즐거움을 말하는 자는 아직 산림의 참맛을 깨닫지 못함이요, 명리(名利)의 이야기를 듣기 싫어하는 자는 아직도 명리의 정을 다 잊지 못한 까닭이다.

즉, 진실의 묘미는 말로써 표현하지 못하는 법이고, 명리를 초월했다는 등 큰소리를 치는 사람은 아직도 명리에 대한 미련을 버리지 못한 사람이라는 것이다.

146

앵 화 무 이 산 농 곡 염　　총 시 건 곤 지 환 경
鶯花茂而山濃谷艶은 總是乾坤之幻境이요,

수 목 락 이 석 수 애 고　　재 견 천 지 진 오
水木落而石瘦崖枯는 纔見天地眞吾니라.

【註釋】

· 山濃谷艶(산농곡염) : 산골짜기가 짙게 아름다운 것.

· 幻境(환경) : 거짓된 모습.

· 眞吾(진오) : 참된 자신의 모습.

【對譯】

　꾀꼬리 울고 꽃이 우거져 산과 골짜기가 아름다움은 이 모두가 건곤의 한때 환경(幻境)일 뿐이요, 물이 마르고 나뭇잎이 떨어져 돌과 벼랑이 앙상하게 드러난 것, 이것이 바로 천지의 참모습인 것이다.

147

세월 본장 이망자자촉
歲月은 本長이나 而忙者自促하고,

천지 본관 이비자자애
天地는 本寬이나 而鄙者自隘하며,

풍화설월 본한이로양자자용
風花雪月은 本閑而勞攘者自冗이라.

【註釋】

• 忙者自促(망자자촉) : 바쁜 사람들이 스스로 재촉한다.

• 鄙(비) : 비천함.

• 鄙者自隘(비자자애) : 속된 사람이 스스로 좁게 여김.

• 勞攘者(노양자) : 일에 매달려 애쓰는 사람.

• 冗(용) : 번거로움.

【對譯】

　세월은 본래 긴 것인데 마음 바쁜 자가 스스로 짧다고 한다. 천지는 본디 넓은 것인데 마음 천한 자가 스스로 좁다고 한다. 바람과 꽃과 눈과 달은 본디 한가한 것인데, 악착한 자가 스스로 번거롭다 한다.

148

득 취 부 재 다　　분 지 권 석 간
得趣不在多하니 盆池拳石間에

연 하 구 족　　회 경 부 재 원
煙霞具足하며, 會景不在遠하니

봉 창 죽 옥 하　　풍 월 자 사
蓬窓竹屋下에 風月自賒니라.

【註釋】

• 盆池(분지) : 작은 연못.

• 拳石(권석) : 손으로 잡을 수 있는 작은 돌.

• 會景(회경) : 좋은 경치.

• 蓬窓(봉창) : 쑥대로 엮은 창.

• 竹屋(죽옥) : 오두막집.

• 賒(사) : 한가로움.

【對譯】

풍류를 즐기는 것은 많음에 있는 것이 아니다. 좁은 못과 작은 돌 사이에도 연하가 깃들인다. 훌륭한 경치는 먼 곳에 있는 것이 아니다. 오막살이 초가에도 풍월의 아취(雅趣)가 있다.

149

人이 解讀有字書하고 不解讀無字書하며

知彈有絃琴하고 不知彈無絃琴하며

以跡用하고 不以神用하니

何以得琴書之趣리요?

【註釋】

讀	읽을	독
彈	탈	탄
絃	줄	현
琴	거문고	금
趣	풍취	취

· 無字書(무자서) : 글자가 없는 책. 자연에서 가르침을 받음.

· 無絃琴(무현금) : 줄 없는 거문고. 자연의 소리.

· 跡用(적용) : 형체를 사용함.

· 神用(신용) : 정신을 사용함.

【對譯】

　사람들은 글자 있는 책은 읽을 줄 알아도 글자 없는 책은 읽을 줄을 모르며, 줄 있는 거문고는 탈 줄 알아도 줄 없는 거문고는 탈 줄 모른다. 형태 있는 것만 쓸 줄 알고 그 정신을 쓸 줄 모르니, 무엇으로 거문고와 글의 참맛을 얻었다 하겠는가.

　즉, 내면(마음)의 세계는 무시하고 겉(물질, 형태)만 내세우는 본말전도(本末顚倒)의 세태를 통탄한 것이다.

150

조어충성 총시전심지결 화영초색
鳥語蟲聲이 總是傳心之訣이요 花英草色이

무비견도지문 학자 요천기청철
無非見道之文이니, 學者는 要天機淸徹하여

흉차영롱 촉물 개유회심처
胸次玲瓏하면 觸物에 皆有會心處니라.

【註釋】

• 見道之文(견도지문) : 천지 자연의 도를 나타내는 글.
• 天機(천기) : 본래의 마음.
• 胸次(흉차) : 가슴 속.
• 玲瓏(영롱) : 찬란히 빛남.

【對譯】

　새 울음, 벌레 소리도 이 모두가 전심(傳心)의 비결이요, 꽃잎과 풀빛은 이 모두가 도를 깨닫게 하는 문장이다. 배우는 다 마땅히 천기를 맑게 하여 가슴 속이 영롱하면, 보고 듣는 것마다 회심의 웃음 있으리라.

151

한 등 무 염 　 폐 구 무 온
寒燈無焰하고 敝裘無溫은

총 시 파 롱 광 경 　 신 여 고 목
總是播弄光景이요, 身如槁木하고

심 사 사 회 　 불 면 타 재 완 공
心似死灰는 不免墮在頑空이라.

【註釋】

- **寒燈**(한등) : 꺼져 가는 등불.
- **敝裘**(폐구) : 해진 가죽옷.
- **播弄**(파롱) : 조롱함.
- **槁木**(고목) : 마른나무.
- **死灰**(사회) : 식은 재.
- **頑空**(완공) : 사람의 몸과 마음은 모두 공적(空寂)이라는 불교
  용어.

【對譯】

　장차 꺼지려는 등잔에 불꽃이 없고 떨어진 갖옷은 따뜻함이
없나니 이는 모두 살풍경이요, 몸이 마른나무 같고 마음이 차
가운 재와 같음은 완공(頑空)에 떨어짐을 면할 수 없다.

152

賓朋이 雲集하여 劇飮淋漓樂矣라가

俄而漏盡燭殘하고 香銷茗冷하면

不覺反成嘔咽하며 令人索然無味라.

天下事率類此어늘 人奈何不早回頭也오.

【註釋】

銷 사라질　　　소
奈 어찌　　　내

• 劇飮(극음) : 많이 마심.
• 淋漓(임리) : 물이 흘러 질펀한 모양. 술을 진탕하게 마시고
　　노는 모양.
• 俄而(아이) : 이윽고.
• 漏盡(누진) : 시간이 다 됨.
• 燭殘(촉잔) : 촛불이 가물가물 꺼져감.
• 嘔咽(구열) : 흐느낌.
• 索然(삭연) : 흥이 깨져서 쓸쓸한 모양.

• **類此**(유차) : 이와 같음.

【對譯】

　손님과 벗들이 구름처럼 모여 다 한껏 마시고 즐기다가 이내 시간이 다하고 촛불이 가물거리며 향이 꺼지고 차(茶)도 식고 나면, 즐거움이 도리어 흐느낌을 자아내어 사람을 쓸쓸하게 한다. 천하의 일이 모두 이와 같은지라, 사람들은 어찌 서둘러 머리를 돌리지 않고 있는 것일까.

　즉, 무슨 일이든 극단까지 가지 말고 머리를 돌려서 반성을 해야 한다는 것이다.

153

산하대지　이속미진
山河大地도 已屬微塵이어늘

이황진중지진　　혈육신구
而況塵中之塵이리요? 血肉身軀도

차귀포영　　이황영외지영
且歸泡影이어늘 而況影外之影이리요?

비상상지　무요료심
非上上智면 無了了心이라.

【註釋】

屬 무리　　　속

微 희미할　　미

塵 티끌　　　진

軀 몸　　　　구

・塵中之塵(진중지진) : 티끌 속의 티끌. 곧 세상의 모든 생활.

・泡影(포영) : 물거품과 그림자.

・影外之影(영외지영) : 그림자 밖의 그림자. 곧 명리(名利)를 가
　　리킴.

・上上智(상상지) : 최상의 지혜.

• **了了心**(요료심) : 확연히 깨닫는 밝은 마음.

【對譯】

산과 강의 큰 덩어리도 이미 작은 티끌에 속하거늘, 하물며 티끌 속의 티끌이겠는가. 혈육의 몸뚱이도 물거품과 그림자로 돌아가는 것인데, 하물며 그림자 밖의 그림자이겠는가. 아주 높은 지혜 아니면 다 벗어 던지는 마음 있을 수 없다.

154

人肯當下休면 便當下了나

若要尋個歇處면 則婚嫁雖完이라도

事亦不少하니 僧道雖好나 心亦不了라.

前人이 云하되 '如今休去면 便休去하리

若覓了時면 無了時라'하니 見之卓矣로다.

【註釋】

休 쉴 휴

- 當下(당하) : 바로 당장.
- 歇處(헐처) : 쉴 곳.
- 歇(헐) : 쉬다.
- 婚嫁(혼가) : 아들을 장가 들이고 딸을 시집 보냄.
- 覓(멱) : 구하다.
- 了時(요시) : 끝마칠 때.
- 卓(탁) : 높다.

【對譯】

　사람이 곧 번뇌(煩惱)에서 벗어나려거든 문득 그 자리에서 쉬라. 만약 따로 쉴 곳을 찾으려면 아들과 딸을 다 성취(成娶)시켜도 남은 일이 많은 것이다. 승려나 도사가 비록 좋다 하더라도 그 생각으로는 마음을 깨달을 수 없으리라. 옛 사람이 말하기를, '이제 쉬어 버리면 곧 쉴 수 있지만, 깨달을 때를 찾으면 깨닫는 때가 없다' 했으니 참으로 탁견(卓見)이라 하겠다.

　즉, 지금 곧 쉬면 쉴 수 있지만 쉴 때를 기다리면 영원히 쉴 수 없으리라는 말은 참으로 옳은 말이라는 것이다. 마음의 평화를 얻지 못하면 번거로움을 떨쳐 버릴 수가 없다는 것이다.

155

> 유부운부귀지풍　　　이불필암서혈처
> **有浮雲富貴之風**이라도 **而不必巖棲穴處**하고,
>
> 무고황천석지벽　　　이자상취주료시
> **無膏肓泉石之癖**이라도 **而自常醉酒聊詩**니라.

【註釋】

· **巖棲穴處**(암서혈처) : 바위틈에 살고 굴에 거처함. 속세를 떠
　　나 깊은 산 속에서 생활함.
· **膏肓泉石**(고황천석) : 자연을 사랑하는 고질병.

【對譯】

　부귀를 뜬구름처럼 생각하는 기풍(氣風)이 있어도 반드시 깊
은 산골에 살지 않으며, 산수를 좋아하는 고질(痼疾)이 없다 해
도 항상 스스로 술에 취하고 시를 즐긴다.

156

延促은 由於一念하고 寬窄은 係之寸心이라.

故로 機閑者는 一日도 遙於千古하고,

意廣者는 斗室도 寬若兩間이라.

【註釋】

- 延促(연촉) : 길고 짧음.
- 寬窄(관착) : 넓고 좁음.
- 機閑(기한) : 마음이 한가함.
- 斗室(두실) : 좁은 방.
- 兩間(양간) : 하늘과 땅 사이.

【對譯】

　　길고 짧은 것은 생각 하나에 말미암고 넓고 좁은 것은 한 치 마음에 매여 있다. 그러므로 마음이 한가로운 자는 하루가 천고(千古)보다 아득하고, 뜻이 넓은 자는 좁은 방도 천지같이 넓은 것이다.

157

損之又損하며 栽花種竹하니
儘交還烏有先生이요, 忘無可忘하며
焚香煮茗하니 總不問白衣童子라.

【註釋】

栽 심을 재

儘 다할 진

還 돌아올 환

總 총

· 損之又損(손지우손) : 욕심을 줄이고 또 줄임.
· 烏有先生(오유선생) : 아무것도 소유함이 없다는 가상적인 인물임.
· 忘無可忘(망무가망) : 더이상 잊어버릴 것이 없을 때까지 잊음.
· 煮茗(자명) : 차를 달임.
· 白衣童子(백의동자) : 흰옷을 입은 동자. 도연명(陶淵明)이 9월 9일에 술이 없어 국화를 따고 있는데, 흰옷을 입은 동자가 술을 가지고 왔다고 함.

【對譯】

　물욕을 덜고 덜어 꽃을 가꾸고 대를 심어 이대로 오유 선생으로 돌아가며, 시비를 잊고 잊어 향을 사르고 차를 끓여 모두 다 백의동자에게 묻지 않는다.

158

추염부세지화　심참역심속
趨炎附勢之禍는 甚慘亦甚速하고,

서염수일지미　최담역최장
棲恬守逸之味는 最淡亦最長이라.

【註釋】

· 趨炎(추염) : 불꽃을 좇음. 권력을 붙좇음.

· 附勢(부세) : 권세에 붙어서 좇음.

· 棲恬守逸(서염수일) : 고요함에 살고 안일함을 지킴.

【對譯】

　강력한 권세에 붙좇아 사는 재앙은 아주 참담하고 빠르지만, 고요함을 지키는 맛은 가장 담박하고 또 오래간다.

159

> 은 일 림 중　　무 영 욕
> 隱逸林中엔 無榮辱이요
>
> 도 의 로 상　　무 염 량
> 道義路上엔 無炎涼이라.

【註釋】

- 隱逸(은일) : 은둔하여 숨어 살다.
- 炎涼(염량) : 더위와 추위. 곧 속세 인정의 변화.

【對譯】

　숨어 사는 숲 속에는 영욕(榮辱)이 없고, 도의의 길 위에는 인정의 변덕이 없다.

160

송간변에 携杖獨行하면 立處에

松澗邊에 携杖獨行하면 立處에

운생파납하고, 죽창하에 침서고와하면

雲生破衲하고, 竹窓下에 枕書高臥하면

각시에 월침한전이라.

覺時에 月侵寒氈이라.

【註釋】

窓 창　　　　　창

枕 베개　　　　침

侵 침범할　　　침

• 松澗邊(송간변) : 소나무가 울창한 시냇가.
• 携杖獨行(휴장독행) : 지팡이에 의지하여 혼자 걸음.
• 破衲(파납) : 해진 누더기 옷.
• 高臥(고와) : 세상 일을 잊고 편안히 누움.
• 寒氈(한전) : 낡은 담요.

【對譯】

　소나무 선 시냇가에 지팡이 짚고 홀로 가면 서는 곳마다 구름은 찢어진 누비옷에 일어나고, 대수풀 우거진 창가에 책을 베개 삼아 편히 누우면, 깨고 보니 달빛이 담요를 비춘다.

 즉, 안빈낙도(安貧樂道)하는 초연한 모습을 그린 것이다. 부귀·명예를 탐하는 무리들이야 어찌 이런 맑은 청취를 맛볼 수 있겠는가.

161

색욕이 火熾(화치)라도 而一念及病時(이일념급병시)면

便興似寒灰(변흥사한회)하고, 名利飴甘(명리이감)이라도

而一想到死地(이일상도사지)면 便味如嚼蠟(변미여작랍)이라.

故(고)로 人常憂死慮病(인상우사려병)이면

亦可消幻業而長道心(역가소환업이장도심)이라.

【註釋】

• 火熾(화치) : 불처럼 치솟음.

• 寒灰(한회) : 불 꺼진 재.

• 飴甘(이감) : 엿같이 달음.

• 嚼蠟(작랍) : 밀납을 씹음.

• 幻業(환업) : 헛된 죄업. 즉, 색욕과 명리.

• 道心(도심) : 참마음. 진리와 마음.

【對譯】

색욕이 불길처럼 타오를지라도 한번 병든 때를 생각하면 흥

(興)이 문득 차가운 재와 같아질 것이고, 명리(名利)가 엿처럼 달더라도 생각이 한번 사지(死地)에 이르게 되면 맛이 문득 납(蠟)을 씹는 것과 같게 된다. 그러므로 사람이 항상 죽음을 근심하고 병을 생각하면, 또한 세상의 과오를 끄고 도심을 기를 수 있을 것이다.

162

> 망처   불란성   수한처   심신
> **忙處**에 **不亂性**이면 **須閑處**에 **心神**을
>
> 양 득 청   사 시   부 동 심
> **養得清**하고, **死時**에 **不動心**이면
>
> 수 생 시   사 물   간 득 파
> **須生時**에 **事物**을 **看得破**니라.

【註釋】

- **不亂性**(불란성) : 본성을 어지럽히지 않음.
- **看得破**(간득파) : 꿰뚫어 알다.

【對譯】

  바쁠 때 자기의 성정(性情)을 어지럽히지 않으려면 한가한 때에 심신(心神)을 맑게 기를 것이며, 죽을 때 마음이 흔들리지 않으려면 모름지기 살아 있을 때에 사물의 진상을 간파해야 할 것이다.

163

열 불 필 제　　이 제 차 열 뇌
熱不必除나 而除此熱惱하면

신 상 재 청 량 대 상　　　궁 불 가 견
身常在淸涼臺上하고, 窮不可遣이나

이 견 차 궁 수　　　심 상 거 안 락 와 중
而遣此窮愁하면 心常居安樂窩中이라.

【註釋】

• 熱惱(열뇌) : 더위의 고뇌.
• 窮愁(궁수) : 가난을 근심하는 마음.

【對譯】

　뜨거움은 반드시 없앨 수 없는 것이지만 뜨겁다고 괴로워하는 이 마음을 없애면 몸이 항상 서늘한 고대(高臺) 위에 있을 것이요, 가난은 반드시 쫓을 수 없는 것이지만 가난을 근심하는 그 생각을 쫓으면 마음이 항상 편한 집 속에 살리라.

164

탐 득 자　분 금　　한 부 득 옥　　봉 공
貪得者는 分金에 恨不得玉하고 封公에

원 불 수 후　　권 호 자 감 걸 개
怨不受侯하니 權豪自甘乞丐하며,

지 족 자　　여 갱　지 어 고 량　　포 포
知足者는 藜羹도 旨於膏粱하고 布袍도

난 어 호 학　　편 민　불 양 왕 공
煗於狐貉하니 編民도 不讓王公이라.

【註釋】

封　봉할　　　　봉

豪　뛰어날　　　호

旨　맛　　　　　지

煗　따뜻할　　　난

讓　겸손할　　　양

· 乞丐(걸개) : 거지.

· 藜羹(여갱) : 명아줏국. 맛없는 음식.

· 膏粱(고량) : 맛 좋은 음식.

· 布袍(포포) : 베 두루마기.

- **狐貂**(호학) : 여우 가죽과 담비 가죽으로 만든 좋은 옷.
- **編民**(편민) : 평민.

【對譯】

　　탐욕이 많은 사람은 금을 나눠줘도 옥을 얻지 못함을 한탄하고, 공(公)에 봉하여도 제후(諸侯)가 못 된 것을 원망하여, 권귀(權貴)의 자리에서 도리어 거지 노릇함을 달게 여기지만, 족함을 아는 자는 명아줏국도 고기 쌀밥보다 맛있으며, 베 도포도 여우 갖옷보다 따뜻하게 알며, 서민이라도 왕공(王公)에 사양하지 않는다.

165

悠長之趣는 不得於醲釅하고

而得於啜菽飲水하며, 惆悵之懷는

不生於枯寂하고 而生於品竹調絲하니,

固知濃處에 味常短하고 淡中에 趣獨眞也라.

【註釋】

悠	아득할	유
趣	취할	취
飲	마실	음
濃	짙을	농
短	짧을	단

· 醲釅(농엄) : 진하고 맛 좋은 술.

· 啜菽(철숙) : 콩을 씹음.

· 惆悵之懷(추창지회) : 슬픈 생각.

· 枯寂(고적) : 메마르고 쓸쓸함.

• **品竹調絲**(품죽조사) : 죽(竹)은 피리, 사(絲)는 거문고.

【對譯】

　유장한 맛은 부귀에서 얻는 것이 아니고 콩을 씹고 물을 마시는 데서 얻어지며, 그리운 회포(懷抱)는 고적(枯寂)에서 생기는 것이 아니고 젓대를 만지고 거문고 줄을 고르는 가운데서 생긴다. 그러므로 짙은 맛은 항상 짧으며, 담박한 취미만이 홀로 참다운 것임을 알아야 한다.

166

嗜寂者_는 觀白雲幽石而通玄_{하고}, 趨榮者_는
見淸歌妙舞而忘倦_{하니} 唯自得之士_{라야}
無喧寂_{하고} 無榮枯_{하여} 無往非自適之天_{이라}.

【註釋】

- **嗜寂者**(기적자) : 고요함을 즐기는 사람.
- **通玄**(통현) : 현묘(玄妙)한 도리에 통함.
- **趨榮者**(추영자) : 영화를 따르는 사람.
- **自得**(자득) : 스스로 마음의 진리를 깨달음.
- **喧寂**(훤적) : 시끄러움과 적막함.
- **自適**(자적) : 자기 마음에 맞음.

【對譯】

적막을 즐기는 자는 흰 구름 그윽한 바위를 보고 유현(幽玄) 한 도리에 통하고, 영리(榮利)에 달리는 자는 맑은 노래 묘한 춤으로 심심함을 풀지만, 다만 스스로 깨달은 선비는 시끄러움 과 고요함이 없으며 영화와 쇠잔함이 없어서 가는 곳마다 유유 자적의 천지가 있다.

167

水流而境無聲하니 得處喧見寂之趣요,
山高而雲不碍하니 悟出有入無之機라.

【註釋】

- 處喧(처훤) : 시끄러운 데 있음.
- 見寂(견적) : 적막함을 봄.
- 出有入無(출유입무) : 유(有)에서 나와 무(無)로 들어감.

【對譯】

　물이 흘러도 그 경지에 소리가 없음은 시끄러운 곳에서 정적을 보는 취미를 얻는 것이며, 산이 높은데도 구름이 거리끼지 않음은 유(有)에서 나와 무(無)로 들어가는 기틀을 깨닫는 것이다.

168

時當喧雜하면 則平日所記憶者도

皆漫然忘去하고, 境在淸寧하면

則夙昔所遺忘者도 又恍爾現前하니,

可見靜躁稍分이라도 昏明頓異也라.

【註釋】

憶 기억할　　억

昏 어두울　　혼

- 喧雜(훤잡) : 시끄럽고 복잡함.
- 漫然(만연) : 멍청히.
- 淸寧(청녕) : 맑고 고요함.
- 夙昔(숙석) : 지난날.
- 遺忘(유망) : 잊어버림.
- 恍爾(황이) : 뚜렷한 모양.
- 稍分(초분) : 조금 나눠짐.
- 頓異(돈이) : 완전히 다름.

【對譯】

　시끄러운 때를 당하면 평일에 기억한 것도 흐릿하게 잊어버리고, 깨끗한 자리에 있으면 옛날에 잊었던 것도 뚜렷이 나타난다. 이로써 보면 고요한 곳과 시끄러운 곳이 조금 나뉨에 따라 마음의 어둡고 맑음이 판이(判異)하게 된다는 것을 알게 된다.

169

> 노 화 피 하　　　와 설 면 운
> 蘆花被下에 臥雪眠雲하면
>
> 보 전 득 일 와 야 기　　　죽 엽 배 중
> 保全得一窩夜氣하고, 竹葉杯中에
>
> 음 풍 농 월　　　타 리 료 만 장 홍 진
> 吟風弄月하면 躲離了萬丈紅塵이라.

【註釋】

- 蘆花被(노화피) : 갈대꽃을 솜 대신 넣어 만든 이불.
- 臥雪眠雲(와설면운) : 눈 위에 누워 구름 속에서 잠을 잔다.
- 吟風弄月(음풍농월) : 맑은 바람을 읊고 달을 희롱한다는 뜻으로 시를 짓는다는 비유.
- 躲離(타리) : 피하여 떠남.
- 萬丈紅塵(만장홍진) : 붉은 먼지와 끝없이 일어나는 속세.

【對譯】

　갈대꽃 이불 덮고 눈에 눕고 구름에 잠을 자도 밤 기운을 족히 막을 수 있고, 댓잎 술잔 속에 바람을 읊조리고 달을 희롱하면 만장(萬丈)의 홍진(紅塵)은 멀리 떠난다.

170

출세지도　　즉재섭세중
出世之道는 卽在涉世中이니

불필절인이도세　　요심지공
不必絕人以逃世하고, 了心之功은

즉재진심내　불필절욕이회심
卽在盡心內니 不必絕慾以灰心이라.

【註釋】

· 出世(출세) : 속세를 벗어남.
· 了心(요심) : 마음에 깨달음.
· 灰心(회심) : 마음을 재처럼 식힘.

【對譯】

　　출세의 길은 곧 세상을 건너는 속에 있는 것이지, 반드시 사람과 절교함으로써 세상에서 숨어야 하는 것이 아니다. 마음을 깨닫는 공부는 마음을 다하는 속에 있는 것이지, 반드시 욕심을 끊음으로써 마음을 식은 재와 같이 한다는 것은 아니다.

171

> 죽리하 홀문견폐계명
> 竹籬下에 忽聞犬吠鷄鳴하면
>
> 황사운중세계 운창중
> 恍似雲中世界요, 芸窓中에
>
> 아청선음아조 방지정리건곤
> 雅聽蟬吟鴉噪면 方知靜裡乾坤이라.

【註釋】

· 竹籬(죽리) : 대나무 울타리.
· 芸窓(운창) : 서창(書窓). 서재의 창.
· 鴉噪(아조) : 갈가마귀의 울음.
· 靜裡乾坤(정리건곤) : 고요 속의 세상.

【對譯】

　대울타리 밑에 문득 개 짖고 닭 우는 소리 들으면 황홀하기
마치 구름 속 세계에 있는 것 같고, 서창(書窓) 안에 매미 노래,
까마귀 우짖는 소리를 들으면 바야흐로 고요 속의 건곤(乾坤)을
안다.

172

我不希榮^{아불희영}이면 何憂乎利祿之香餌^{하우호리록지향이}하며,

我不競進^{아불경진}이면 何畏乎仕官之危機^{하외호사관지위기}리요?

【註釋】

• 希榮(희영) : 영화를 바람.
• 利祿(이록) : 이득과 봉록.
• 香餌(향이) : 향기로운 미끼. 유혹.
• 仕官(사관) : 벼슬살이.

【對譯】

내가 영화를 바라지 않으면 무엇 때문에 이록(利祿)의 향기로운 유혹을 근심할 것이며, 내가 나아감을 다투지 않으면 어찌 벼슬살이의 위태로움을 두려워하겠는가.

즉, 벼슬자리는 서로 다투는 자리이지만, 내가 벼슬자리에 있지 않으니 승진하고 쫓겨나는 위태로움이 있을 까닭이 없는 것이다.

173

機動的_은 弓影도 疑爲蛇蝎하고 寢石도

視爲伏虎하니 此中에 渾是殺氣요,

念息的_은 石虎도 可作海鷗하고 蛙聲도

可當鼓吹하니 觸處에 俱見眞機니라.

【註釋】

鷗 갈매기 구

- **機動**(기동) : 마음이 동요되어 흔들림.
- **蛇蝎**(사갈) : 뱀, 독사.
- **念息**(염식) : 마음이 가라앉음.
- **石虎**(석호) : 진대(晋代)의 사람으로 몹시 사나웠다고 하는데, 후에 고승(高僧)의 감화를 받아 갈매기처럼 유순하게 되었다 한다.
- **鼓吹**(고취) : 음악.
- **觸處**(촉처) : 사물에 닿는 곳.
- **眞機**(진기) : 참다운 기틀.

【對譯】

마음이 흔들리면 활 그림자도 뱀처럼 보이고, 누운 돌도 엎드려 있는 범으로 보이는 것이니, 이것은 다 살기를 품고 있기 때문이다. 그러나 생각이 편하면 석호(石虎)도 가히 갈매기로 삼을 수 있고, 개구리 소리도 가히 음악 소리를 당할 수 있는 것이니, 이는 보고 듣는 것 모두가 참 기틀이 되어 주기 때문이다.

즉, 마음이 어지러우면 모든 것이 악해 보이고, 마음이 고요하면 모든 것이 아름답게 보인다는 말이다.

174

춘일 기상 번화 영인심신태탕
春日은 氣象이 繁華하여 令人心神駘蕩이나

불약추일 운백풍청 난방계복
不若秋日의 雲白風淸하고 蘭芳桂馥하며

수천일색 상하공명
水天一色으로 上下空明하여

사인신골구청야
使人神骨俱淸也라.

【註釋】

• 駘蕩(태탕) : 마음이 넓고 큼.

• 公明(공명) : 달이 물 속에 떠 있는 것.

• 神骨(신골) : 마음과 육체.

【對譯】

봄날은 기상이 번화해서 사람으로 하여금 심신(心神)을 나른하게 하나 가을날의 흰 구름, 잔잔한 바람, 꽃다운 난초, 향기로운 계수(桂樹), 물과 하늘의 한 빛, 천지가 맑고 밝아 사람으로 하여금 마음과 뼈 속까지 함께 맑게 함만 같지 못하다.

175

身如不繫之舟니 一任流行坎止하고,
心似旣灰之木이니 何妨刀割香塗리요?

【註釋】

- 坎止(감지) : 멈춤.
- 旣灰之木(기회지목) : 마른나무.
- 刀割香塗(도할향도) : 칼로 쪼개어 땔감을 만들거나, 그릇을
  만들어 향을 칠함.

【對譯】

  몸은 매이지 않은 배와 같이 흐름에 맡겨 두는 것이 좋고,
마음은 이미 재가 된 나무와 같으니 칼로 쪼개고 향으로 발라
본들 무슨 반응이 있으랴.

  즉, 인위적인 노력보다는 우리의 생에는 맡겨야 할 어떤 힘
이 있는 것이다.

176

> 인정 청앵제즉희　　　문와명즉염
> 人情은 聽鶯啼則喜하고 聞蛙鳴則厭하며,
>
> 견화즉사배지　　　우초즉욕거지
> 見花則思培之하고 遇草則欲去之하니,
>
> 단시이형기용사　　　이성천시지
> 但是以形氣用事라. 以性天視之하면
>
> 하자비자명천기　　　비자창기생의야
> 何者非自鳴天機며 非自暢其生意也리요?

【註釋】

聽 들을　청

鶯 꾀꼬리　앵

蛙 개구리　와

厭 싫어할　염

暢 펼　창

• 形氣(형기) : 형체와 기질.
• 用事(용사) : 일을 함.
• 性天(성천) : 본래의 바탕. 천성.
• 天機(천기) : 하늘의 작용.

• 生意(생의) : 살아 움직임.

【對譯】

  사람의 정이란 꾀꼬리 소리 들으면 기뻐하고, 개구리 울음 들으면 싫어하며, 꽃을 보면 가꿀 생각을 하고, 풀을 보면 뽑고자 하는 것이지만, 이는 다만 형체와 기질만으로 정한 것이다. 그러나 그것을 마음 바탕으로써 본다면 무엇인들 스스로 하는 기틀 울림이 아니며, 스스로 그 뜻을 펴는 것이 아니겠는가.

177

欲其中者는 波沸寒潭하여 山林도
不見其寂하고, 虛其中者는 涼生酷暑하여
朝市에 不知其喧이라.

【註釋】

- 欲其中(욕기중) : 욕심이 마음을 채움.
- 波沸(파비) : 물결이 끓어오름.
- 寒潭(한담) : 차가운 연못.
- 朝市(조시) : 조정과 시장. 사람이 많은 곳.

【對譯】

마음에 욕심이 일면 차가운 못에도 물결이 끓고, 산림에 있어도 고요함을 보지 못한다. 마음이 비어 있으면 모진 더위에도 서늘한 기운이 생기고, 저자거리에 있어도 그 시끄러움을 모른다.

178

다 장 자　　후 망　　　고
多藏者는 厚亡이라 故로

지 부 불 여 빈 지 무 려　　　고 보 자　　　질 전
知富不如貧之無慮요, 高步者는 疾顚이라

고　　　지 귀 불 여 천 지 상 안
故로 知貴不如賤之常安이라.

【註釋】

• **多藏者**(다장자) : 재산이 많은 사람.

• **厚亡**(후망) : 많이 잃음.

• **高步者**(고보자) : 높이 걷는 사람. 신분이 높다고 거드름 피우
  는 사람.

• **疾顚**(질전) : 빨리 넘어짐.

【對譯】

　많이 가진 자는 잃는 것도 많다. 그러므로 부는 가난함의 근
심 없음만 같지 못하다. 높이 걷는 자는 빨리 쓰러진다. 때문에
귀함은 천함의 항상 편안함만 같지 못하다.

179

화거분내 종핍생기
花居盆内하면 終乏生機하고

조입롱중 변감천취
鳥入籠中하면 便減天趣하니,

불약산간화조 착집성문
不若山間花鳥가 錯集成文하고

고상자약 자시유연회심
翱翔自若하여 自是悠然會心이라.

【註釋】

• 生機(생기) : 살아 움직이는 기운.

• 天趣(천취) : 자연스런 맛.

• 錯集成文(착집성문) : 여럿이 뒤섞여 아름다운 무늬를 이룸.

• 翱翔(고상) : 빙빙 날아 돌아다님.

【對譯】

　꽃이 화분 속에 있으면 생기가 없고, 새가 새장 속에 들면 천연의 취미가 없다. 어찌 산 속의 꽃과 새가 서로 어울려, 아름다운 문채를 짜내고 마음대로 날아다니며 유연한 묘미(妙味)를 느낌만 하겠는가.

180

自老視少하면 可以消奔馳角逐之心이요,

自瘁視榮하면 可以絶紛華靡麗之念이라.

【註釋】

• 奔馳(분치) : 명예와 이익을 추구하느라 바삐 달림.
• 角逐(각축) : 서로 경쟁하여 다툼.
• 紛華靡麗(분화미려) : 요란스럽고 화려하고 사치스러움.

【對譯】

늙어서 젊음을 보면 바삐 달리고 서로 다투는 마음이 사라질 것이요, 병들어서 영화롭던 때를 생각하면 분잡(紛雜)하고 화려한 생각을 끊을 것이다.

181

인정세태　　숙홀만단
人情世態는 倏忽萬端이니

불의인득태진　　　요부운
不宜認得太眞이라. 堯夫云하되,

석일소운아　　이금각시이
'昔日所云我도 而今却是伊라.

부지금일아　　　우속후래수
不知今日我인들 又屬後來誰오?'하니

인상작시관　　　변가해각흉중견의
人常作是觀하면 便可解却胸中胃矣리라.

【註釋】

認 알　　　인

屬 무리　　　속

・倏忽(숙홀) : 갑자기.

・萬端(만단) : 갖가지 갈래.

・堯夫(요부) : 송(宋)나라 학자인 소강절(邵康節)의 자(字), 이름
　　은 옹(雍)이며, 강철은 시호이다.

・作是觀(작시관) : 이런 견해를 지음.

・解却(해각) : 풀어버리다.

【對譯】

　인정과 세태는 갑자기 변하는 것이니, 지나치게 진실이라 생각하지 마라. 요부가 말하기를, '옛날에 내 것이라 이르던 것이 이제는 도리어 저 사람의 것이 되니 알지 못할 일이로다. 오늘의 내 것이 또 뒤에 올 누구의 것이 될지' 하였으니, 사람은 항상 이렇게 봄으로써 가히 가슴 속의 무거운 짐을 풀어야 할 것이다.

182

有一樂境界하면 就有一不樂的相對待하고

有一好光景하면 就有一不好的相乘除하니,

只是尋常家飯과 素位風光이라야

纔是個安樂的窩巢니라.

【註釋】

· 相對待(상대대) : 서로 대립함.
· 相乘除(상승제) : 서로 곱하고 나눔, 비김.
· 素位(소위) : 벼슬이 없는 신분.
· 窩巢(와소) : 거처. 생활하는 집.

【對譯】

　한쪽에 안락한 경지가 있으면 다른 한쪽에는 반드시 고통의 경지가 기다리고 있는 법이고, 하나의 좋은 광경이 있으면 반드시 또 하나의 나쁜 광경이 있어서 서로 계교(計較)한다. 다만 반찬 없는 밥과 벼슬 없이 사는 맛만이 안락한 집이다.

183

> 지 성 지 필 패　　즉 구 성 지 심　　불 필 태 견
> 知成之必敗면 則求成之心이 不必太堅하고,
>
> 지 생 지 필 사　　즉 보 생 지 도　　불 필 과 로
> 知生之必死면 則保生之道에 不必過勞니라.

【註釋】

· 求成之心(구성지심) : 성취하기를 바라는 마음.

· 太堅(태견) : 지나치게 굳음.

· 保生之道(보생지도) : 삶을 보전하는 길을 찾아 애씀.

【對譯】

　성공이란 반드시 실패한다는 사실을 알면 성공을 구하는 마음이 반드시 지나치게 굳지 않을 것이며, 삶이란 반드시 죽는 것임을 알면 삶을 보전하는 길에 반드시 과로하지 않을 것이다.

　즉, 성공하기 위해서 인간으로서의 윤리마저 짓밟고, 오래 살기 위해서 불로초를 구하는 헛수고는 인간으로서 절대 금물이라는 것이다.

184

임간송운　석상천성　정리청래
林間松韻과 石上泉聲도 靜裡聽來면

식천지자연명패　　초제연광
識天地自然鳴佩하고, 草際煙光과

수심운영　한중관거
水心雲影도 閑中觀去면

견건곤최상문장
見乾坤最上文章이라.

【註釋】

- 松韻(송운) : 솔바람 소리.
- 鳴佩(명패) : 패옥 소리. 음악.
- 草際(초제) : 풀숲.
- 煙光(연광) : 안개 빛.
- 水心雲影(수심운영) : 물 속에 비치는 구름 그림자.

【對譯】

　숲 사이의 솔바람 소리와 돌 위의 샘물 소리를 고요히 들으면 천지 자연의 풍류를 알 것이고, 풀숲의 안개 빛 물 속의 구름 그림자를 한가로이 보면, 건곤(乾坤) 최상의 문장임을 볼 것이다.

185

眼看西晉之荊榛하되 猶矜白刃하고,

身屬北邙之狐兔하되 尙惜黃金이라.

語에 云하되 猛獸는 易伏이나 人心은 難降하며,

谿壑은 易塡이나 人心은 難滿이라 하니 信哉라.

【對譯】

  눈으로 서진(西晉)의 형진(荊榛)을 보고도 오히려 서슬 푸른 칼날을 자랑하고, 몸은 북망(北邙)의 여우와 토끼에게 맡겨질 것이로되, 오히려 황금을 아까워한다.

  옛말에 '사나운 짐승은 길들이기 쉬워도 사람의 마음을 항복받기 어렵고, 깊은 골짝을 채우기 쉬워도 사람의 마음은 채우기 어렵다' 하더니 과연 참말이다.

  즉, 욕심은 끝이 없다는 것이다.

186

峨冠大帶之士도 一旦睹輕簑小笠으로
飄飄然逸也면 未必不動其咨嗟하고,
長筵廣席之豪도 一旦遇疎簾淨几로
悠悠焉靜也면 未必不增其綣戀하리니,
人奈何驅以火牛하고 誘以風馬하며
而不思自適其性哉아?

【註釋】

- 峨冠大帶(아관대대) : 높은 관과 넓은 띠. 높은 벼슬아치.
- 輕簑小笠(경사소립) : 가벼운 도롱이와 작은 삿갓. 농부나 숨어 사는 사람의 복장.
- 飄飄然(표표연) : 경쾌한 모양.
- 咨嗟(자차) : 감탄하는 탄식.
- 長筵廣席(장연광석) : 호화로운 잔치자리.
- 疎簾淨几(소렴정궤) : 성긴 발과 청아한 책상.

- **綣戀**(권련) : 그리워하다.
- **火牛**(화우) : 꼬리에 불을 붙인 공격용 소.
- **風馬**(풍마) : 교미(交尾)하려고 하는 말.

【對譯】

　높은 관을 쓰고 넓은 대를 띤 선비도, 하루아침에 가벼운 도롱이 갈삿갓으로 표연(飄然)히 한가함을 보면 반드시 탄식하지 않는다고 못할 것이며, 길고 넓은 보료에 앉은 큰 부호라도 한 번 성근 발〔簾〕 깨끗한 책상에 유연히 고요함을 만나면 그리워하는 생각이 일어나지 않는다고 못할 것이다. 사람들은 어찌하여 화우(火牛)로써 쫓고 풍마(風馬)로써 꼬일 줄만 알고, 그 천성(天性)에 자적(自適)함을 생각지 못하는 것일까.

187

狐眠敗砌하고 兎走荒臺하니

盡是當年歌舞之地요, 露冷黃花하고

煙迷衰草하니 悉屬舊時爭戰之場이라.

盛衰何常이며 强弱安在오?

念此면 令人心灰라.

【註釋】

狐	여우	호
兎	토끼	토
煙	연기	연
迷	희미할	미
灰	재	회

· 敗砌(패체) : 무너진 섬돌.

· 荒臺(황대) : 황폐한 누대.

·黃花(황화) : 국화의 별명.

【對譯】

여우는 무너진 섬돌에서 잠자고 토끼는 황폐한 고대에서 달리나니, 이것은 다 당년에 노래하고 춤추던 곳이요, 이슬은 황국에 싸느랗고 연기는 마른 풀에 감도나니, 이는 다 그 옛날 전쟁하던 땅이다. 성쇠(盛衰)가 어찌 떳떳함이 있으며, 강약(強弱)이 또 어디에 있겠는가. 이것을 생각하면 사람의 마음을 재처럼 싸느랗게 하는구나.

188

纔就筏^{재취벌}하여 便思舍筏^{변사사벌}하면 方是無事道人^{방시무사도인}이나,

若騎驢^{약기려}하여 又復覓驢^{우부멱려}하면 終爲不了禪師^{종위불료선사}니라.

【註釋】

• 就筏(취벌) : 뗏목에 오름.

• 纔~便(재변) : 겨우~하니. 문득~한다.

• 舍筏(사벌) : 뗏목을 버림.

• 方是(방시) : 바야흐로~이다.

• 無事道人(무사도인) : 일상시의 얽매임에서 벗어난 도통한 사
    람. 달인(達人).

• 騎驢覓驢(기려멱려) : 나귀를 타고서 나귀를 찾음.

• 不了禪師(불료선사) : 진리를 깨닫지 못한 사이비 도인(道人).

• 覓(멱) : 찾다.

【對譯】

뗏목에 올라 문득 뗏목 버릴 것을 생각하면 바야흐로 이는
일 없는 도인(道人)이다. 만일 나귀를 타고 또다시 나귀를 찾는
다면, 마침내 깨닫지 못하는 선사(禪師)가 될 것이다.

189

羈鎖於物慾하면 覺吾生之可哀하고

夷猶於性眞하면 覺吾生之可樂하니,

知其可哀하면 則塵情이 立破하고

知其可樂하면 則聖境이 自臻이라.

【註釋】

- **羈鎖**(기쇄) : 기는 굴레, 쇄는 자물쇠. 곧 얽매임을 뜻함.
- **夷猶**(이유) : 유유자적하게 노닐다.
- **塵情**(진정) : 속세의 욕심.
- **立破**(입파) : 곧바로 깨어짐.

【對譯】

물욕에 얽매이면 우리의 삶이 애달픔을 깨달을 것이요, 천성에 자적(自適)하면 우리의 삶이 즐거운 것임을 느낄 것이니, 그 애달픔을 알면 세속에 묻은 정념(情念)이 사라질 것이고, 그 즐거움을 알면 성인의 경계가 절로 나타날 것이다.

190

시사　　　재패릉교상　　　미음취　　임수
詩思는 在灞陵橋上이라 微吟就에 林岫가

변이호연　　　　야흥　　　재경호곡변
便已浩然하고, 野興은 在鏡湖曲邊이라

독왕시　　산천　　　자상영발
獨往時에 山川이 自相映發이라.

【註釋】

· 詩思(시사) : 시상(詩想).
· 灞陵橋(패릉교) : 다리 이름인데, 옛날 이곳에서 이별의 정을
　　　나누었다 함.
· 微吟就(미음취) : 시상이 떠올라 나직이 읊조림.
· 野興(야흥) : 속세를 벗어난 맑은 흥취.
· 鏡湖(경호) : 중국 절강성(浙江省)에 있는 호수 이름.
· 映發(영발) : 눈이 부시게 빛남.

【對譯】

　시(詩)의 생각은 파릉의 다리 위에 있다. 작은 읊조림이 이루
어지며 숲과 골짜기가 문득 호연(浩然)해지며, 맑은 흥취는 경
호(鏡湖) 가에 있나니 홀로 갈 때에 산과 시내가 서로 비춘다.

191

伏久者_{복구자}는 飛必高_{비필고}하고 開先者_{개선자}는 謝獨早_{사독조}하니,

知此_{지차}면 可以免蹭蹬之憂_{가이면층등지우}하고

可以消躁急之念_{가이소조급지념}이라.

【註釋】

- **謝**(사) : 꽃이 떨어짐.
- **蹭蹬**(층등) : 발을 헛디뎌 실각함.

【對譯】

　엎드림이 오랜 새는 나는 것이 높고 일찍 핀 꽃은 지는 것도 또한 빠른 것이니, 이 이치를 알면 가히 써 발 잘못 디딜 근심을 면할 것이요, 가히 써 조급한 마음이 사라질 것이다.

　즉, 일찍 핀 꽃은 지는 것도 또한 빠르다. 이러한 이치를 안다면 불우한 역경에도 초조하거나 속을 태우는 일이 없다는 것이다.

192

眞空^{진공}은 不空^{불공}이요 執相^{집상}도 非眞^{비진}이요 破相^{파상}도

亦非眞^{역비진}이니, 問世尊^{문세존}은 如何發付^{여하발부}오?

'在世出世^{재세출세}하리. 徇欲^{순욕}은 是苦^{시고}요 絶欲^{절욕}도

亦是苦^{역시고}니 聽吾儕善自修持^{청오제선자수지}하리.'

【註釋】

徇 두루　　　　　순

絶 끊을　　　　　절

• 眞空(진공) : 말물의 실체.

• 執相(집상) : 현상에 집착함.

• 破相(파상) : 현상을 깨뜨림.

• 世尊(세존) : 석가모니.

• 發付(발부) : 의견을 발표함.

• 在世出世(재세출세) : 세속에 살면서 세속을 초월함.

• 吾儕(오제) : 우리들.

• 修持(수지) : 마음을 닦고 몸가짐을 유지함.

【對譯】

　진공은 공이 아니고 형상(形相)에 집착(執着)함은 진실이 아니요, 형상을 공무(空無)라 함도 친실이 아니다. 묻겠노니 세존은 어떻게 말씀하셨는고, '속세(俗世)에 있거나 출가(出家)해 있거나 욕망에 끌리는 것이 괴로움이요, 그 욕망을 끊어 버림도 또한 괴로움이라' 하셨으니 우리들 스스로 잘 닦으라.

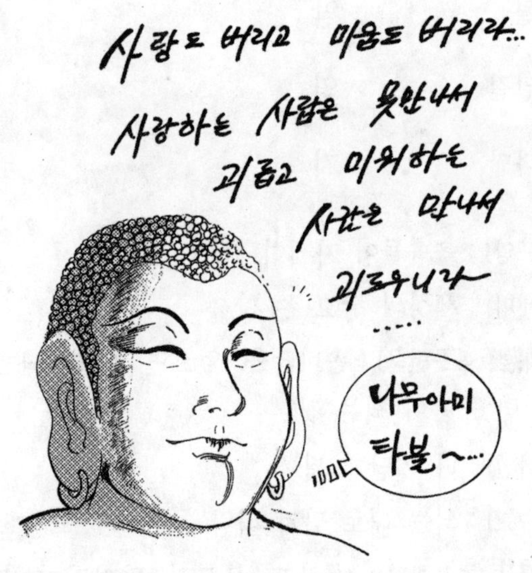

193

> 포 암 세 미　　　일 임 복 우 번 운
> 飽諳世味하면 一任覆雨飜雲하여
>
> 총 용 개 안　　　회 진 인 정
> 總慵開眼하고, 會盡人情하면
>
> 수 교 호 우 환 마　　　지 시 점 두
> 隨敎呼牛喚馬하여 只是點頭라.

【註釋】

諳 욀　　　　암

任 맡길　　　임

只 다만　　　지

· 飽諳(포암) : 속속들이 자세히 앎.

· 世味(세미) : 세상의 달고 쓴 맛.

· 覆雨飜雲(복우번운) : 손바닥을 엎으면 비가 되고, 손바닥을 뒤치면 구름이 되는 것.

· 會盡(회진) : 다 깨닫게 됨.

· 隨敎(수교) : 되는 대로 맡겨 버림.

· 呼牛喚馬(호우환마) : 소라고 부르건 말이라고 부르건 내버려 둠.

· 點頭(점두) : 고개를 끄덕임.

【對譯】

세상맛을 속속들이 다 알고 나면, 손바닥 뒤집듯 한 세태(世態)에 맡겨 눈을 뜨고 보는 것조차 귀찮아지고, 인정이 무엇인가를 다 알고 나면, 소라고 하거나 말이라고 하거나 그저 머리만 끄덕일 뿐이다.

즉, 남들이 자신을 무어라 비판해도 개의하지 않음을 뜻한 말이다.

194

意所偶會하면 便成佳境하고 物出天然이면
纔見眞機하니, 若加一分調停布置하면
趣味便減矣라. 白氏云하되 '意隨無事適이요
風逐自然淸이라'하니, 有味哉라 其言之也여.

【註釋】

便 편할 편

佳 아름다울 가

境 지경 경

減 덜 감

哉 어조사 재

• 偶會(우회) : 우연히 맞음.
• 眞機(진기) : 진정한 기틀, 참된 묘미.
• 調停(조정) : 고침. 조절함.
• 布置(포치) : 위치를 정함.

• 白氏(백씨) : 당(唐)나라 때 문인 백거이(白居易).

【對譯】

　우연히 뜻에 맞으면 문득 가경(佳境)을 이루며, 자연에서 나온 것이라야 참된 기틀을 볼 수 있다. 만일 순서나 위치를 조금이라도 고쳐놓으면 취미가 문득 감소될 것이다. 백낙천이 말하기를, '뜻은 아무 일 없을 때가 제일 좋고 바람은 절로 오는 산들바람이 상쾌하다' 했는데, 정말 맛있구나 그 말씀이야!

195

인심 유개진경   비사비죽
人心에 有個眞境하여 非絲非竹이라도

이자념유   불연불명   이자청분
而自恬愉하고 不煙不茗이라도 而自淸芬하니,

수념정경공   여망형석
須念淨境空하고 慮忘形釋이라야

재득이유연기중
纔得以游衍其中이라.

【註釋】

個 낱   개

須 모름지기   수

· 眞境(진경) : 참된 깨달음의 경지.

· 絲竹(사죽) : 거문고와 피리.

· 恬愉(염유) : 편안하고 유쾌함.

· 煙茗(연명) : 향을 사르는 연기와 차.

· 淸芬(청분) : 맑은 향기.

· 念淨(염정) : 생각이 깨끗함.

· 境空(경공) : 경지가 텅 빔. 듣고 보는 데 얽매이지 않음.

· 慮忘(여망) : 생각이 잊혀짐.

• **形釋**(형석) : 형체자 풀림.
• **游衍**(유연) : 거닐음. 소요함.

【對譯】

　사람의 마음속엔 진실한 묘경(妙境)이 있으니 거문고나 피리가 아니어도 절로 고요하고 즐거우며, 향을 피우고 차를 끓이지 않아도 스스로 맑은 향기가 일어난다. 모름지기 생각을 조촐히 하고 듣고 보는 것에 집착하지 않아 생각을 잊고 형체를 풀어야 겨우 그 가운데에 소요(逍遙)함을 얻을 것이다.

196

전 탈 지 재 자 심 심 료 즉 도 사 조 점
纏脫은 只在自心이니 心了면 則屠肆糟店도
거 연 정 토 불 연 종 일 금 일 학
居然淨土요, 不然이면 縱一琴一鶴과
일 화 일 훼 기 호 수 청 마 장 종 재
一花一卉로 嗜好雖淸이라도 魔障終在라.
어 운 능 휴 진 경 위 진 경
語에 云하되 '能休면 塵境도 爲眞境이요,
미 료 승 가 시 속 가 신 부
未了면 僧家도 是俗家라'하니 信夫로다.

【註釋】

- **纏脫**(전탈) : 얽매임과 벗어남.
- **心了**(심료) : 마음으로 깨달음.
- **屠肆**(도사) : 푸줏간.
- **淨土**(정토) : 극락 세계.
- **魔障**(마장) : 악마의 방해. 마음의 장애.
- **塵境**(진경) : 속세.

【對譯】

얽매임도 벗어남도 모두 제 마음에 있는 것이다. 마음을 깨우치면 푸줏간과 술집도 정토(淨土)가 되고, 그렇지 못하면 비록 거문고와 학으로 벗을 삼고 화초를 심어 즐김이 맑을지라도, 마장(魔障)을 벗어나지 못한다. 옛말에 이르기를, '능히 쉬면 진경(塵境)도 진경(眞境)이 되고, 못 마치면 승가(僧家)도 속가(俗家)라' 하였으니 과연 진실한 말이다.

197

인생 감생일분 변초탈일분
人生이 減省一分하면 便超脫一分하니

여교유감 변면분요 언어감
如交遊減하면 便免紛擾하고 言語減하면

변과건우 사려감 즉정신불모
便寡愆尤하며 思慮減하면 則精神不耗하고

총명감 즉혼돈가완 피불구일감
聰明減하면 則混沌可完이라. 彼不求日減하고

이구일증자 진질곡차생재
而求日增者는 眞桎梏此生哉로다.

【註釋】

超	뛰어날		초
脫	벗을		탈
耗	감할		모
桎	차꼬		질

• 減省(감생) : 덜어내어 줄임.

• 紛擾(분요) : 시끄럽고 소란함.

• 愆尤(건우) : 허물, 과실.

• **混沌**(혼돈) : 천지가 구분되기 전의 상태로. 본성(本性)을 말함.

【對譯】

    사람이 무슨 일이든지 일분을 감하고 줄이면 일분을 초탈하게 된다. 만약 사귀어 노는 일을 감하면 문득 시끄러움을 면하고, 말을 감하면 과실이 적으며, 생각을 감하면 정신을 소모하지 않고, 총명함을 감하면 혼돈(混沌)이 가히 완전하리니, 저 날로 감함을 구하지 않고 날로 보탬을 찾는 자는 참으로 한평생을 스스로 구속한 것이다.

198

天地中萬物과 人倫中萬精과
世界中萬事는 以俗眼觀하면 紛紛各異나
以道眼觀하면 種種是常이니
何煩分別하며 何用取捨리요?

【註釋】

- 紛紛(분분) : 각양각색.
- 道眼(도안) : 도를 깨달은 사람의 안목.
- 種種是常(종종시상) : 갖가지 것이 모두 한결같음.

【對譯】

천지 가운데의 만물과 인류 가운데의 만정(萬情)과 세계 가운데의 만사를 속된 눈으로써 바라보면 어수선해 각각 다르지만, 도안(道眼)으로써 바라보면 가지가지가 다 떳떳함이니, 어찌 번거로이 분별할 것이며 어찌 취(取)하고 사(捨)함이 있으리요.

199

천운지한서　　이피　　인세지염량
天運之寒暑는 易避나 人世之炎凉은

난제　　　인세지염량　　이제
難除하고, 人世之炎凉은 易除나

오심지빙탄　　난거　　거득차중지빙탄
吾心之冰炭은 難去니, 去得此中之冰炭하면

즉만강　　개화기　　자수지　　유춘풍의
則滿腔이 皆和氣하여 自隨地에 有春風矣라.

【註釋】

• 冰炭(빙탄) : 숯과 얼음. 사람에 따라 차갑고 따뜻하게 대하는
　변덕.

• 滿腔(만강) : 가슴에 가득 참.

• 隨地(수지) : 이르는 곳마다.

【對譯】

　천시(天時)의 운행으로 계절에 따라 생기는 한서(寒暑)는 피하
기 쉬우나, 세상 인심의 덥고 차가움은 제(除)하기 어려우며, 세
상 인심의 덥고 차가움은 제하기 쉬우나, 내 마음의 빙탄(冰炭)
은 버리기 어렵다. 이 마음의 빙탄을 버릴 수만 있다면 온 몸이
모두 화(和)한 기운이요, 가는 곳마다 봄바람이 불게 될 것이다.

200

釋氏隨緣과 吾儒素位의 四字는
是渡海的浮囊이라. 蓋世路茫茫하여
一念求全하면 則萬緖紛起하니
隨寓而安이면 則無入不得矣라.

【註釋】

釋 놓을　　　　석

儒 선비　　　　유

蓋 대개　　　　개

· 隨緣(수연) : 인연을 따름.

· 素位(소위) : 자기 본분을 지켜 행함.

· 浮囊(부낭) : 바다를 건널 때 쓰는 가죽으로 만든 도구. 구명대(救命帶).

· 茫茫(망망) : 아득히 먼 모양.

· 萬緖(만서) : 만 갈래 생각의 실마리.

· 紛起(분기) : 어지럽게 일어남.

• **無入不得**(무입부득) : 가는 곳마다 깨달음을 얻지 못함이 없음.

【對譯】

불교의 '수연', 유교의 '소위', 이 넉 자는 바다를 건너는 부낭(浮囊)이다. 대개 세상 길은 망망(茫茫)해서 한 생각에 완전을 구한다면, 만 가지 실마리가 분분히 일어난다. 그러나 인연(因緣)에 따라 편하게 하면, 가는 곳마다 얻지 않음이 없을 것이다.

청학동 채근담

1997년 7월 10일 1판 1쇄 인쇄
1997년 7월 20일 1판 1쇄 발행
2012년 11월 20일 2판 1쇄 발행

편저／김승호
펴낸이／김영길
펴낸곳／도서출판 선영사
주소／서울시 마포구 서교동 485-14 영진싱가 지층
전화／(02)338-8231,
(02)338-8232
팩시밀리／(02)338-8233
등록／제02-01-51호 (1983년 6월 29일)

ISBN 978-89-7558-195-3   03700